John Coleman

INSTITUTO TAVISTOCK
de Relações Humanas

Moldando o declínio moral, espiritual, cultural, político e económico dos Estados Unidos da América

ⓞMNIA VERITAS®

John Coleman

John Coleman é um autor britânico e antigo membro dos Serviços Secretos de Inteligência. Coleman produziu várias análises do Clube de Roma, da Fundação Giorgio Cini, da Forbes Global 2000, do Colóquio Interreligioso para a Paz, do Instituto Tavistock, da Nobreza Negra e outras organizações que se aproximam do tema da Nova Ordem Mundial.

Instituto Tavistock de Relações Humanas
*Moldando o declínio moral, espiritual, cultural,
político e económico dos Estados Unidos da América*

THE TAVISTOCK INSTITUTE OF HUMAN RELATIONS
*Shaping the Moral, Spiritual, Political and
Economic Decline of the United States of America*

Traduzido do inglês e publicado pela Omnia Veritas Limited

© Omnia Veritas Ltd - 2023

OMNIA VERITAS®

www.omnia-veritas.com

O Instituto Tavistock para as Relações Humanas teve um efeito profundo nas políticas moral, espiritual, cultural, política e económica dos Estados Unidos da América e da Grã-Bretanha. Tem estado na vanguarda do ataque à Constituição americana. Nenhum grupo produziu mais propaganda para encorajar os Estados Unidos a participar na Primeira Guerra Mundial, numa altura em que a maioria do povo americano se opunha a ela.

As mesmas tácticas foram utilizadas pelos cientistas sociais de Tavistock para levar os EUA à Segunda Guerra Mundial, Coreia, Vietname, Sérvia e as duas guerras com o Iraque. Tavistock começou como uma organização de criação e divulgação de propaganda na Wellington House, Londres, no período que antecedeu a Primeira Guerra Mundial, a que Toynbee chamou "aquele buraco negro da desinformação". Numa outra ocasião, Toynbee referiu-se à Wellington House como uma "fábrica de mentiras". Desde o início algo rudimentar, Wellington House tornou-se o Instituto Tavistock e moldou os destinos da Alemanha, Rússia, Grã-Bretanha e Estados Unidos de uma forma muito controversa. Os povos destas nações não sabiam que estavam a ser "lavados do cérebro". A origem do "controlo da mente", do "condicionamento direccional interior" e da "lavagem cerebral" em massa é explicada num livro fácil de compreender e autoritariamente escrito.

A queda das dinastias católicas, a revolução bolchevique, a Primeira e Segunda Guerras Mundiais que assistiram à destruição de velhas alianças e fronteiras, as convulsões religiosas, o declínio da moralidade, a destruição da vida familiar, o colapso dos processos económicos e políticos, a decadência da música e da arte, tudo isto pode ser atribuído à doutrinação em massa (lavagem ao cérebro em massa) praticada pelos cientistas sociais do Instituto Tavistock. Entre os professores do Tavistock estava Edward Bernays, sobrinho de Sigmund Freud. Diz-se que Herr Goebbels, o Ministro da Propaganda do Terceiro Reich alemão, utilizou os métodos concebidos por Bernays, bem como os de Willy Munzenberg, cuja extraordinária carreira é relatada neste livro sobre o passado, o presente e o futuro. Sem Tavistock, não teria havido a Primeira e Segunda Guerras Mundiais, a Revolução Bolchevique, nem as guerras na Coreia, Vietname, Sérvia e Iraque. Sem o Tavistock, os Estados Unidos não estariam a precipitar-se na via da dissolução e do colapso.

Agradecimentos

A minha imensa gratidão pela ajuda, encorajamento e longas horas de trabalho, crítica atenciosa e encorajamento sobre este livro que a minha mulher Lena e o nosso filho John proporcionaram em todas as fases da sua preparação, incluindo sugestões para a concepção da capa, investigação e leitura de fontes.

Estou também grato a Dana Farnes pelo seu incansável trabalho informático e assistência técnica; a Ann Louise Gittleman e James Templeton, que me encorajaram a escrever este livro e não me deram descanso até eu começar; a Renee e Grant Magan por fazerem o trabalho quotidiano, deixando-me livre para me concentrar na escrita. Agradecimentos especiais também ao Dr. Kinne McCabe e Mike Granston, cujo apoio leal e constante foi um factor chave que me permitiu completar este trabalho.

Prefácio

O Tavistock Institute of Human Relations era desconhecido do povo dos Estados Unidos até o Dr Coleman revelar a sua existência na sua monografia *The Tavistock Institute of Human Relations: Britain's Control of the United States*. Até então, o Tavistock tinha conseguido manter o seu papel na formação dos assuntos dos Estados Unidos, do seu governo e do seu povo em segredo desde o seu início em Londres, em 1913, na Wellington House.

Após a publicação do artigo original do Dr. Coleman expondo esta organização ultra-secreta, outros apresentaram-se alegando autoria, mas sem a poderem fundamentar.

O Instituto Tavistock começou como uma organização de criação e divulgação de propaganda, com sede na Wellington House, com o objectivo de criar um órgão de propaganda capaz de quebrar a forte resistência do público à guerra iminente entre a Grã-Bretanha e a Alemanha.

O projecto foi confiado aos Lordes Rothmere e Northcliffe e o seu mandato era criar uma estrutura capaz de manipular a opinião pública e dirigir esta opinião fabricada ao longo do caminho desejado para apoiar uma declaração de guerra da Grã-Bretanha contra a Alemanha.

O financiamento foi fornecido pela Família Real Britânica e mais tarde pelos Rothschilds, a quem Lord Northcliffe está ligado por casamento. Arnold Toynbee foi escolhido como Director de Estudos Futuros. Dois americanos, Walter Lippmann e Edward Bernays, foram nomeados para lidar com a manipulação da opinião pública americana para a entrada dos Estados Unidos na

Primeira Guerra Mundial, e para informar e dirigir o Presidente Woodrow Wilson.

De um início algo rudimentar na Wellington House, desenvolveu-se uma estrutura formidavelmente eficaz que moldaria o destino da Alemanha, Grã-Bretanha e especialmente dos Estados Unidos de uma forma altamente sofisticada para manipular e criar a opinião pública, comummente referida como "lavagem ao cérebro em massa".

No decurso da sua história, Tavistock cresceu em tamanho e ambição, quando em 1937 foi decidido usar como modelo a monumental obra monumental *Untergange des Abenlandes* (*O Declínio do Ocidente*) do autor alemão Oswald Spengler.

Anteriormente, os membros da direcção da Wellington House Rothmere, Northcliffe, Lippmann e Bernays tinham lido e oferecido como guia os escritos de Correa Moylan Walsh, em particular o livro *O Clímax da Civilização* (1917) como correspondendo de perto às condições que precisavam de ser criadas antes do advento de uma Nova Ordem Mundial num Governo Mundial Único.

Neste empreendimento, os membros da direcção consultaram a Família Real Britânica e obtiveram a aprovação dos 'Olympians' (o núcleo duro do Comité dos 300) para formularem uma estratégia. O financiamento foi fornecido pela monarquia, os Rothschilds, o grupo Milner e os trusts da família Rockefeller.

Em 1936, o monumental trabalho de Spengler tinha atraído a atenção do que se tinha tornado o Instituto Tavistock. Num esforço para mudar e remodelar a opinião pública pela segunda vez em menos de doze anos, por consentimento unânime do Conselho de Administração, o livro maciço de Spengler foi adoptado como projecto de um novo modelo de trabalho para provocar o declínio e a queda necessária da civilização ocidental para criar e estabelecer uma Nova Ordem Mundial dentro de um Governo Mundial Único.

Spengler via como inevitável que elementos estrangeiros fossem introduzidos na civilização ocidental em número crescente e que o Ocidente não conseguisse expulsar estas formas alienígenas, selando assim o seu destino como uma sociedade cujas crenças interiores e convicções sólidas estariam em desacordo com a sua profissão exterior e, como resultado, a civilização ocidental dissolver-se-ia como as antigas civilizações da Grécia e Roma.

O pensamento de Tavistock era que Spengler tinha doutrinado a civilização ocidental para expulsar elementos estrangeiros em dissolução, como fez a civilização romana. A perda genética que se abateu sobre a Europa - e em particular sobre a Escandinávia, Inglaterra, Alemanha, França - (as raças anglo-saxónica, nórdica e alpina germânica), que começou pouco antes da Segunda Guerra Mundial, é já tão grande que ultrapassa todas as expectativas, e continua a um ritmo alarmante sob a direcção perita dos gestores da Tavistock.

O que costumava ser uma ocorrência muito rara tornou-se uma ocorrência comum, um homem negro casado com uma mulher branca ou vice-versa.

As duas guerras mundiais custaram à nação alemã quase um quarto da sua população. A maioria das energias intelectuais da nação alemã foram desviadas para os canais de guerra em defesa da pátria, em detrimento da ciência, arte, literatura, música e do progresso cultural, espiritual e moral da nação. O mesmo se pode dizer da nação britânica. O incêndio ateado pelos britânicos sob a liderança de Tavistock ateou fogo a toda a Europa e causou danos incalculáveis de acordo com o plano de Tavistock que correspondia às previsões de Spengler.

As civilizações clássica e ocidental são as duas únicas que podem trazer um renascimento moderno ao mundo. Prosperaram e progrediram enquanto estas civilizações permaneceram sob o controlo das raças anglo-saxónica, nórdica, alpina e germânica. A beleza insuperável da sua literatura, da sua arte, dos seus clássicos, do avanço espiritual e moral do sexo feminino com um grau de protecção correspondentemente elevado, foi o que distinguiu as civilizações Ocidental e Clássica das outras.

Foi este bastião que Spengler viu cada vez mais sob ataque e o pensamento de Tavistock seguiu caminhos paralelos, mas com um objectivo completamente diferente. Tavistock viu esta civilização como um obstáculo ao advento de uma Nova Ordem Mundial, assim como a ênfase na protecção e elevação do sexo feminino a um lugar de grande respeito e honra.

Assim, o impulso de Tavistock foi o de 'democratizar' o Ocidente atacando a feminilidade e os fundamentos raciais, morais, espirituais e religiosos em que assenta a civilização ocidental.

Como Spengler sugeriu, os gregos e romanos dedicavam-se ao avanço social, religioso, moral e espiritual e à preservação da feminilidade e foram bem sucedidos desde que tivessem controlo e pudessem organizar as coisas de modo a que o governo fosse dirigido por um número limitado de cidadãos responsáveis apoiados pela população em geral, todos eles da mesma raça pura e não adulterada. Os planificadores Tavistock viram que a forma de perturbar o equilíbrio da civilização ocidental era forçar mudanças indesejáveis na raça, transferindo o controlo dos merecedores para os não merecedores, à maneira dos antigos governantes romanos que eram suplantados pelos seus antigos escravos e pelos estrangeiros que tinham permitido vir viver entre eles.

Em 1937, Tavistock tinha percorrido um longo caminho desde o seu início na Wellington House e a bem sucedida campanha de propaganda que tinha transformado o público britânico, fortemente contrário à guerra em 1913, em participantes dispostos através das artes da manipulação e da cooperação voluntária dos meios de comunicação social.

Esta técnica foi aplicada através do Atlântico em 1916 para manipular o povo americano no apoio à guerra na Europa. Apesar do facto de a grande maioria, incluindo pelo menos 50 senadores dos EUA, se oporem com firmeza a que os EUA fossem arrastados para aquilo que consideravam ser essencialmente uma rixa entre a Grã-Bretanha e a França, por um lado, e a Alemanha, por outro, em grande parte por causa do comércio e da economia, os conspiradores não se deixaram intimidar. Foi nesta altura que a Casa de Wellington introduziu a palavra "isolacionistas" como uma descrição pejorativa dos americanos que se opunham à participação dos EUA na guerra. O uso destas palavras e frases proliferou sob a lavagem ao cérebro especializada dos cientistas sociais Tavistock. Termos como "mudança de regime", "danos colaterais" tornaram-se comuns.

Com o plano Tavistock modificado para se adaptar às condições americanas, Bernays e Lippmann levaram o Presidente Woodrow Wilson a criar as primeiras técnicas metodológicas de sondagem (fabrico) da chamada opinião pública criada pela propaganda emanada do Tavistock. Também ensinaram Wilson a criar um corpo secreto de "gestores" para gerir o esforço de guerra e um corpo de "conselheiros" para assistir o Presidente na sua tomada de decisões. A Comissão Creel foi o primeiro organismo de formação de opinião deste tipo a ser criado nos Estados Unidos.

Woodrow Wilson foi o primeiro presidente americano a declarar publicamente o seu apoio à criação de uma Nova Ordem Mundial no seio de um Governo Mundial Socialista Único. A sua notável aceitação da Nova Ordem Mundial é descrita no seu livro *A Nova Liberdade*.

Dizem "seu" livro, mas na realidade foi escrito pelo socialista William B. Hayle. Wilson denuncia o capitalismo. "É contrário ao homem comum e trouxe estagnação à nossa economia", escreveu Wilson.

No entanto, na altura, a economia dos EUA estava a experimentar uma prosperidade e expansão industrial de que nunca tinha visto na sua história:

> "Estamos na presença de uma revolução - não sangrenta, a América não foi feita para derramar sangue - mas uma revolução silenciosa, pela qual a América insistirá em regressar à prática daqueles ideais que sempre defendeu, de formar um governo dedicado à defesa do interesse geral. Estamos em vésperas de uma época em que a vida sistemática do país será apoiada ou pelo menos complementada, em todos os aspectos, pela actividade do governo. E agora temos de determinar que tipo de

actividade governamental será esta; se, em primeira instância, é dirigida pelo próprio governo, ou se é indirecta, através de instrumentos que já foram formados e que estão prontos para ocupar o lugar do governo".

Enquanto os Estados Unidos ainda era uma potência neutra sob o Presidente Wilson, Wellington House derramou um fluxo constante de mentiras sobre a Alemanha e a suposta ameaça que representava para a América.

Recordamos a declaração de Bakunin em 1814, que tão bem correspondia à propaganda ultrajante que Wilson utilizava para apoiar os seus argumentos:

"Mentir através da diplomacia: A diplomacia não tem outra missão. Sempre que um Estado quer declarar guerra a outro Estado, começa por emitir um manifesto dirigido não só aos seus próprios súbditos mas também a todo o mundo.

Neste manifesto, ela declara que a lei e a justiça estão do seu lado e esforça-se por provar que é movida pelo amor à paz e à humanidade (e à democracia), e que, imbuída de sentimentos generosos e pacíficos, há muito que sofre em silêncio até que a crescente iniquidade do seu inimigo a forçou a levantar a espada.

Ao mesmo tempo, jura que, desdenhando toda a conquista material e procurando não aumentar o território, porá fim a esta guerra assim que a justiça for restabelecida. E o seu antagonista responde com um manifesto semelhante, no qual, naturalmente, a justiça, a humanidade e todos os sentimentos generosos estão, respectivamente, do seu lado. Estes manifestos mutuamente opostos são escritos com a mesma eloquência, respiram a mesma justa indignação, e um é tão sincero como o outro, ou seja, ambos são desavergonhados nas suas mentiras, e só os tolos são enganados por eles. As pessoas sensatas, todos aqueles que têm qualquer experiência política, nem sequer se preocupam em ler tais declarações".

As proclamações do Presidente Wilson pouco antes de ir ao Congresso para pedir uma declaração constitucional de guerra encarnam cada um dos sentimentos de Bakunin.

Ele 'mentiu pela diplomacia' e usou a propaganda grosseira fabricada na Wellington House para inflamar o público americano com histórias de atrocidades cometidas pelo exército alemão na sua marcha pela Bélgica em 1914. Como vamos descobrir, esta foi essencialmente uma mentira gigantesca passada como verdade graças às manobras de propaganda do Tavistock.

Lembro-me de folhear uma grande pilha de jornais antigos no Museu Britânico, onde passei cinco anos a fazer extensa pesquisa. Os jornais cobriram os anos de 1912 a 1920. Lembro-me de pensar na altura: "Não é espantoso que a corrida ao governo socialista totalitário da Nova Ordem Mundial esteja a ser liderada pelos Estados Unidos, supostamente um bastião da liberdade? "

Depois, tornou-se-me abundantemente claro que o Comité dos 300 tem o seu povo a todos os níveis nos Estados Unidos, na banca, indústria, comércio, defesa, Departamento de Estado e até na Casa Branca, para não mencionar o clube de elite chamado Senado dos Estados Unidos, que creio ser simplesmente um fórum para promover uma Nova Ordem Mundial.

Percebi então que a explosão de propaganda do Presidente Wilson contra a Alemanha e o Kaiser (na verdade o produto dos agentes Rothschild Lords Northcliffe e Rothmere, e a fábrica de propaganda da Casa de Wellington) não era muito diferente da "situação inventada" do Pearl Harbor, do "incidente" do Golfo de Tonkin e do "incidente" do Golfo de Tonkin, Olhando para trás, não vejo diferença entre a propaganda mentirosa sobre a brutalidade dos soldados alemães que cortaram os braços e as pernas das pequenas crianças belgas em 1914, e os métodos usados para enganar e dopar o povo americano para permitir que a administração Bush invadisse o Iraque. Enquanto em 1914 era o Kaiser que era um "bruto selvagem", um "assassino implacável", um "monstro", o "Carniceiro de Berlim", em 2002 era o Presidente Hussein que era tudo isto e muito mais, incluindo o "Carniceiro de Bagdad"! Pobres enganados, enganados, enganados, cúmplices, confiantes na América! Quando é que vai aprender?

Em 1917, Woodrow Wilson deu um golpe na agenda da Nova

Ordem Mundial através da Câmara e do Senado, e o Presidente Bush deu um golpe na agenda da Nova Ordem Mundial para o Iraque através da Câmara e do Senado em 2002 sem debate, num exercício arbitrário de poder e numa violação flagrante da Constituição dos EUA, pela qual o povo americano está a pagar um preço enorme. Mas o povo americano sofre de um choque traumático induzido pelo Tavistock Institute of Human Relations-induced e é sonâmbulo e sem verdadeira liderança.

Eles não sabem qual é o preço e não se importam em descobrir. O Comité dos 300 continua a gerir os Estados Unidos, tal como durante as presidências Wilson e Roosevelt, enquanto o povo americano se distraía com "pão e circos", excepto que hoje em dia são o basebol, o futebol, as produções intermináveis de Hollywood, e a segurança social. Nada mudou.

Os Estados Unidos, assediados, caçados, empurrados e empurrados, estão no caminho rápido para a nova ordem mundial, impulsionados por republicanos de partidos de guerra radicais que foram assumidos pelos cientistas do Instituto Tavistock para as Relações Humanas.

Ainda recentemente, um assinante perguntou-me "onde encontrar o Instituto Tavistock". A minha resposta foi: "Olhem à volta do Senado dos EUA, da Câmara dos Representantes, da Casa Branca, do Departamento de Estado, do Departamento de Defesa, Wall Street, Fox T.V. (Faux T.V.) e verão os seus agentes de mudança em cada um destes locais".

O Presidente Wilson foi o primeiro presidente americano a "gerir" a guerra através de um comité civil orientado e dirigido pelos Bernays e Lippmanns da Casa de Wellington, mencionados anteriormente.

O estrondoso sucesso da Wellington House e a sua enorme influência no curso da história americana começou antes disso, em 1913. Wilson tinha passado quase um ano a desmantelar as tarifas de protecção comercial que tinham impedido os mercados internos americanos de serem inundados pelo "comércio livre", o que permitiu essencialmente que bens britânicos baratos feitos por mão-de-obra mal remunerada na Índia inundassem o mercado americano. A 12 de Outubro de 1913, Wilson assinou a lei que marcou o início do fim da única classe média americana, durante muito tempo o alvo dos socialistas Fabianos. A lei foi descrita como uma medida para "ajustar as tarifas", mas teria sido mais preciso descrevê-la como uma lei para "destruir as tarifas".

Tal foi o poder oculto da Casa de Wellington que a grande maioria do povo americano aceitou esta mentira, não sabendo ou compreendendo que era o golpe mortal para o comércio americano e que levou à NAFTA, ao GATT e ao Acordo de Comércio Livre Norte-Americano, bem como à criação da Organização Mundial do Comércio (OMC). Ainda mais surpreendente foi a aceitação da Lei Federal do Imposto sobre o Rendimento, aprovada a 5 de Setembro de 1913, para substituir as tarifas comerciais como fonte de receitas do governo federal. O imposto de renda é uma doutrina marxista que não aparece na Constituição dos EUA, nem o Banco da Reserva Federal. Wilson chamou às suas duas greves contra a Constituição "uma luta pelo povo e pela liberdade dos negócios" e disse que se orgulhava de ter "participado na realização de um grande empreendimento...". A Lei da Reserva Federal, explicada por Wilson como "a reconstrução do sistema bancário e monetário da nação", foi apressada com uma inundação de propaganda da Casa de Wellington, mesmo a tempo das hostilidades que desencadearam o horror da Primeira Guerra Mundial.

A maioria dos historiadores concorda que sem a aprovação da Lei do Banco da Reserva Federal, Lord Grey não poderia ter desencadeado esta terrível conflagração.

A linguagem enganosa da Lei da Reserva Federal estava sob a direcção de Bernays e Lippman que criaram uma "Liga Nacional dos Cidadãos" com o notório Samuel Untermeyer como seu presidente, para promover o Banco da Reserva Federal, que ganhou o controlo do dinheiro e da moeda do povo e o transferiu para um monopólio privado sem o consentimento da vítima.

Um dos elementos históricos mais interessantes em torno da imposição da medida da escravatura financeira estrangeira é que antes de ser enviado a Wilson para assinatura, foi entregue uma cópia ao sinistro Coronel Edward Mandel House como representante da Wellington House e da oligarquia britânica representada pelo banqueiro J. P. Morgan, ele próprio um agente dos Rothschilds de Londres e Paris.

Quanto ao povo americano, em cujo nome foi instituída esta medida desastrosa, não tinham ideia de como tinham sido enganados e totalmente enganados. Um instrumento de escravatura era amarrado à volta do pescoço sem que as vítimas sequer se apercebessem disso.

A metodologia da Wellington House estava no seu auge quando Wilson foi treinado sobre como persuadir o Congresso a declarar guerra à Alemanha, apesar de ter sido eleito com uma promessa solene de manter a América fora da guerra que então grassava na Europa, um grande triunfo para a nova arte de formação da opinião pública. Era isso mesmo - as perguntas da sondagem eram matizadas de modo a que as respostas reflectissem as opiniões do público, não a sua compreensão das questões ou dos processos da ciência política.

A extensa pesquisa e leitura dos registos do Congresso de 1910 a 1920 por este autor deixou bem claro que se Wilson não tivesse assinado a iníqua lei da "reforma monetária" em 23 de Dezembro de 1913, o governo paralelo secreto que controla os Estados Unidos previsto por H.G. Wells não teria sido capaz de afectar os vastos recursos dos Estados Unidos à guerra na Europa.

A Casa de Morgan, representando os "Olimpíadas" do Comité dos 300, e a sua todo-poderosa rede financeira na cidade de Londres, desempenharam um papel de liderança na criação dos "Bancos da Reserva Federal dos Estados Unidos", que não eram nem "federais" nem "bancos", mas um monopólio privado gerador de dinheiro amarrado ao pescoço do povo americano, cujo dinheiro era agora livre de ser roubado numa escala inimaginável, tornando-os escravos da Nova Ordem Mundial no futuro Um Governo Mundial. A Grande Depressão dos anos 30 foi a segunda maior conta catastrófica que o povo americano teve de pagar, sendo a primeira a I Guerra Mundial. (Ver Apêndice)

Aqueles que lerem este livro como uma primeira introdução à Nova Ordem Mundial dentro de um Governo Mundial Único serão cépticos; mas consideram que uma figura tão importante como o grande Sir Harold Mackinder não fez segredo das suas crenças na sua vinda.

Mais do que isso, ele sugeriu que poderia ser uma ditadura. Sir Harold tinha um currículo impressionante, tendo sido Professor de Geografia na Universidade de Londres, Director da London School of Economics de 1903 a 1908 e Deputado ao Parlamento de 1910 a 1922. Foi também um associado próximo de Arnold Toynbee, uma das figuras principais da Wellington House. Ele previu correctamente um núcleo de acontecimentos geopolíticos assustadores, muitos dos quais se tornaram realidade.

Uma destas "profecias" foi a fundação de duas Alemanhas, a República Social Democrática da Alemanha e a República Federal da Alemanha. Os críticos sugeriram que ele obteve esta informação da Toynbee; que era simplesmente o planeamento a longo prazo do Comité de 300 dos quais a Toynbee tinha conhecimento.

Depois da Casa de Wellington, Toynbee mudou-se para o Royal Institute for International Affairs (RIIA) e depois para a Universidade de Londres, onde ocupou a cadeira de história internacional. No seu livro *América e Revolução Mundial*, ele afirma

> "Se queremos evitar o suicídio colectivo, precisamos de criar rapidamente o nosso estado mundial e isso provavelmente significa tê-lo de uma forma não democrática para começar. Teremos de começar a construir um estado mundial agora, no melhor modelo que pudermos neste momento".

Toynbee prossegue dizendo que esta "ditadura global" terá de suplantar "os estados nacionais locais que ninhada o actual mapa geopolítico".

O novo estado mundial deveria ser estabelecido com base no controlo da mente de massa e na propaganda que o tornasse aceitável. Expliquei no meu livro *The Committee of 300*,[1] que Bernays "denunciou" as sondagens nos seus livros de 1923 e 1928, *Propaganda*, e *Cristalização da Opinião Pública.*

Isto foi seguido de uma autorização de engenharia:

> Auto-preservação, ambição, orgulho, fome, amor à família e às crianças, patriotismo, imitação, desejo de ser um líder, amor ao jogo - estas e outras motivações são as matérias-primas psicológicas que cada líder deve considerar nos seus esforços para conquistar o público para o seu ponto de vista... Para manter a sua confiança, a maioria das pessoas precisa de ter a certeza de que tudo o que acreditam sobre algo é verdade.

Estes trabalhos reveladores são discutidos e deve acrescentar-se que, ao escrevê-los, a hierarquia Tavistock sentiu-se aparentemente suficientemente segura para se regozijar com o seu controlo realizado dos Estados Unidos e da Grã-Bretanha, que se tinha transformado numa conspiração aberta nos termos sugeridos inicialmente por H.G. Wells.

Com o advento da Casa de Wellington, financiada pela monarquia britânica e mais tarde por Rockefeller, Rothschild e os Estados Unidos, a civilização ocidental entrou na primeira fase de um plano que previa um governo secreto para gerir o mundo, nomeadamente o Comité dos 300.

O Instituto Tavistock de Relações Humanas é um resultado disso. Como este livro não é sobre o Comité dos 300, sugerimos que os leitores obtenham cópias do primeiro e segundo livros, *O Comité dos 300.*[2]

O plano cuidadosamente estruturado do "300" foi seguido à letra e hoje, ao chegarmos ao final de 2005, é bastante fácil para os bem informados traçar o curso da civilização ocidental e marcar o seu progresso até onde nos encontramos hoje. No mínimo, este

---

[1] Publicado pela Omnia Veritas Limited.

[2] *A hierarquia dos conspiradores - História do Comité de 300*, Omnia Veritas Ltd, www.omnia-veritas.com.

livro é uma tentativa de o fazer.

CAPÍTULO 1

Fundação do primeiro instituto de lavagem ao cérebro do mundo

Desde os seus modestos mas vitais começos na Wellington House, o Instituto Tavistock de Relações Humanas cresceu rapidamente para se tornar o primeiro instituto de "lavagem ao cérebro" ultra-secreto do mundo. Vale a pena explicar como este rápido progresso foi alcançado.

A ciência moderna da manipulação em massa da opinião pública nasceu na Wellington House em Londres sob a liderança de Lord Northcliffe e Lord Rothmere.

A monarquia britânica, Lord Rothschild e os Rockefellers foram responsáveis pelo financiamento da empresa. Os documentos que tivemos o privilégio de examinar mostram que o objectivo dos que trabalhavam na Wellington House era o de mudar a opinião do povo britânico, que se opunha com firmeza à guerra com a Alemanha, uma tarefa assustadora que foi realizada através da "formação de opinião" através de sondagens. A equipa incluía Arnold Toynbee, posteriormente Director de Estudos no Instituto Real de Assuntos Internacionais (RIIA), os Lord Norhcliffe e os americanos Walter Lippmann e Edward Bernays.

Bernays nasceu em Viena a 22 de Novembro de 1891. Um sobrinho de Sigmund Freud, o pai da psicanálise, é considerado por muitos como "o pai das relações públicas", embora esse título pertença a Willy Munzenberg. Bernays foi pioneiro na utilização da psicologia e de outras ciências sociais para moldar e formar a opinião pública, de modo que o público acredita que estas opiniões fabricadas são as suas próprias opiniões.

"Se compreendermos o mecanismo e as motivações da mente do grupo, é agora possível controlar e governar as massas de acordo com a nossa vontade sem o seu conhecimento" Bernays postulou. Ele chamou a esta técnica "a engenharia do consentimento". Uma das suas técnicas mais conhecidas para alcançar este objectivo foi a utilização indirecta daquilo a que chamou autoridades terceiras para moldar as opiniões desejadas: "Se conseguir influenciar os líderes, com ou sem a sua cooperação consciente, influencia automaticamente o grupo que eles influenciam. Chamou a esta técnica "formação de opinião".

Talvez possamos agora começar a compreender como Wilson, Roosevelt, Clinton, Bush Sr. e Jr. poderiam tão facilmente arrastar os Estados Unidos para guerras desastrosas nas quais o seu povo nunca deveria ter estado envolvido.

Os participantes britânicos e americanos concentraram-se em técnicas não testadas para mobilizar o apoio à guerra que estava no horizonte.

Como já foi referido, o povo britânico não queria a guerra, e disse-o, mas Toynbee, Lippmann e Bernays pretendiam alterar esta situação aplicando técnicas concebidas para manipular a opinião pública através de sondagens. Aqui revemos os métodos que foram concebidos e executados para levar a Grã-Bretanha e os EUA à Primeira Guerra Mundial, bem como as técnicas que foram postas em prática entre as duas guerras mundiais e mais além. Como veremos, a propaganda deveria desempenhar um papel importante.

Um dos principais objectivos do Tavistock era alcançar a degradação das mulheres. Tavistock reconheceu que Jesus Cristo tinha dado às mulheres um novo e respeitável lugar na ordem da civilização, que não existia antes da sua vinda.

Após o ministério de Cristo, as mulheres adquiriram uma estima e um lugar elevado na sociedade que estava ausente nas civilizações pré-cristãs. Claro que se pode argumentar que um estatuto tão elevado existia nos impérios grego e romano, e isto seria verdade até certo ponto, mas ainda demasiado longe do estatuto que as mulheres se encontravam na sociedade pós-cristã.

A Tavistock procurou mudar isto e o processo começou imediatamente após a Primeira Guerra Mundial. A Igreja Ortodoxa Oriental, que os príncipes russos (Viking) de Moscovo trouxeram de Constantinopla, veneraram e respeitaram a feminilidade, e a sua experiência com os Khazars, que mais tarde derrotaram e expulsaram da Rússia, tornou-os determinados a proteger a feminilidade na Rússia.

Fundador da dinastia Romanov, Michael Romanov era o descendente de uma família nobre que tinha defendido a Rússia com base num país cristão. A partir de 1613, os Romanovs procuraram enobrecer a Rússia e imbuí-la de um grande espírito de cristianismo, o que também significava a protecção e honra das mulheres russas.

Os nobres de Moscovo, sob a liderança do Príncipe Dimitri Donskoi, ganharam o ódio implacável dos Rothschilds pela Rússia devido à derrota de Donskoi e à expulsão das hordas khazarianas que habitavam as regiões baixas do Volga. Esta bárbara nação guerreira, de misteriosa origem indo-turca, tinha adoptado a religião judaica por decreto do rei Bulant, depois desta religião ter sido aprovada pelo grande adivinho-macheiro-mágico Khazar, David el-Roi.

Foi a bandeira pessoal de El Roi, agora chamada a "Estrela de David", que se tornou a bandeira oficial da nação Khazariana quando se estabeleceu na Polónia depois de ter sido expulsa da Rússia.

A bandeira foi mais tarde adoptada pelos sionistas como padrão e ainda é erroneamente chamada a Estrela de David. Os cristãos cometem o erro de confundi-lo com o rei David do Antigo Testamento, quando na realidade não existe qualquer ligação entre os dois.

O ódio à Rússia foi exacerbado em 1612 quando a dinastia Romanov enviou um exército russo contra a Polónia, assumindo grandes partes da Polónia que outrora tinham pertencido à Rússia.

O principal arquitecto da inimizade contra a Rússia foi a dinastia Rothschild e foi este ódio ardente que Tavistock utilizou e canalizou para o seu plano de destruir a civilização ocidental. A primeira oportunidade de Tavistock surgiu em 1905, quando a marinha japonesa atacou e surpreendeu completamente a frota russa. O exercício militar foi financiado por Jacob Schiff, o banqueiro de Wall Street, que estava ligado ao Rothschild.

A derrota da frota russa em Port Arthur, num ataque surpresa, marcou o início da escuridão que iria cair sobre a Europa cristã. Rockefeller's Standard Oil Group, liderado por Tavistock e com a ajuda dos "300", organizou a Guerra Russo-Japonesa. O dinheiro utilizado para financiar a operação veio de Jacob Schiff, mas foi na realidade fornecido pelo Conselho Geral de Educação Rockefeller, cujo objectivo declarado era financiar a educação negra. Toda a propaganda e publicidade da Direcção foi escrita e desenhada pelos cientistas sociais da Tavistock, então chamada Wellington House.

Em 1941, outra organização de fachada Rockefeller, o Instituto para as Relações do Pacífico (IPR), pagou grandes somas ao seu homólogo japonês em Tóquio. O dinheiro foi então canalizado para um membro da família imperial por Richard Sorge, um espymaster russo, a fim de induzir o Japão a atacar os EUA em Pearl Harbor. Mais uma vez, a Tavistock foi a fonte de todas as publicações sobre DPI.

Embora ainda não seja evidente, como Spengler mencionava na sua obra monumental, publicada em 1936, marca o início do fim da antiga ordem. Ao contrário da maioria dos relatos históricos do estabelecimento, a revolução "russa" não foi de todo uma revolução russa, mas uma ideologia estrangeira apoiada principalmente pelo Comité dos 300 e pela sua ala armada, o Instituto Tavistock, que foi violentamente imposta a uma família romanov surpreendida, despreparada e consternada.

Foi a guerra política, a guerra de baixo nível e a guerra psicológica em que Tavistock se tinha tornado muito hábil.

Como Winston Churchill observou: 'Levaram Lenine num

camião selado como um bacilo de peste da Suíça para a Rússia', e depois, uma vez estabelecidos, 'Lenine e Trotsky levaram a Rússia pelos cabelos'.

Muito tem sido escrito (mas quase sempre de passagem, como se fosse um mero pós-escrito da história) sobre o "vagão com chumbo", o "vagão selado", o "comboio selado" que levou Lênin e os seus revolucionários bolcheviques em segurança através da Europa devastada pela guerra e os depositou na Rússia, onde começaram a sua revolução bolchevique importada, erroneamente chamada a "revolução russa".

Os documentos que o autor teve o privilégio de estudar na Wellington House e o que foi revelado nos documentos de Arnold Toynbee e nos documentos privados de Bruce Lockhart, levaram à conclusão de que sem Toynbee, Bruce Lockhart dos serviços secretos britânicos MI6 e a cumplicidade de pelo menos cinco nações europeias, ostensivamente leais e amigáveis para com o Tribunal de São Petersburgo, a impiedosa revolução bolchevique não teria tido lugar.

Como este relato deve necessariamente ser limitado ao envolvimento da Tavistock no caso, não será tão completo como teríamos desejado. Segundo os jornais privados de Milner, os seus assistentes, através do Tavistock, contactaram um colega socialista, Fritz Platten (Milner era um dos principais socialistas de Fabian, mesmo que desprezasse Sidney e Beatrice Webb). Foi Platten quem planeou a logística da viagem e a supervisionou até à chegada dos revolucionários a Petrogrado.

Isto foi confirmado e corroborado pelos arquivos Guillaumestrasse, a maioria dos quais pudemos consultar, uma vez que estes arquivos estão abertos a certas pessoas qualificadas para os consultar. Concordam bastante bem com o relato de Bruce Lockhart nos seus documentos privados e com o que Lord Alfred Milner tinha a dizer sobre o caso desonesto que traiu a Rússia. Parece que Milner teve muitos contactos entre expatriados bolcheviques, incluindo Lenine. Foi a Lord Milner que Lenine se virou quando precisou de dinheiro para a revolução. Armado com uma carta de apresentação de Platten,

Lenine encontrou-se com Lord Milner e delineou o seu plano para o derrube dos Romanovs e da Rússia cristã.

Milner concordou com a condição de poder enviar o seu agente do MI6 Bruce Lockhart para supervisionar os assuntos correntes e apresentar um relatório sobre Lenine.

Lord Rothschild e os Rockefellers exigiram ser autorizados a enviar Sydney Reilly à Rússia para supervisionar a transferência dos recursos naturais da Rússia e rublos de ouro detidos pelo Banco Central para Londres. Lenine, e mais tarde Trotsky concordou.

Para selar o acordo, Lord Milner, em nome dos Rothschilds, deu a Lenine 60 milhões de libras em soberanos de ouro, enquanto os Rockefellers contribuíram com cerca de 40 milhões de dólares.

Os países cúmplices no caso do "vagão de chumbo" foram a Grã-Bretanha, Alemanha, Finlândia, Suíça e Suécia. Embora os Estados Unidos não estivessem directamente envolvidos, devem ter estado cientes do que se estava a passar. Afinal, por ordem do Presidente Wilson, foi emitido um novo passaporte americano a Leon Trotsky (cujo verdadeiro nome era Lev Bronstein) para que pudesse viajar em paz, apesar de Trotsky não ser um cidadão americano.

Lenine e os seus compatriotas tinham uma carruagem privada bem nomeada, fornecida por altos funcionários do governo alemão e sempre fechada por acordo com as estações ao longo da linha. Platten estava no comando e estabeleceu as regras da viagem, algumas das quais estão registadas nos ficheiros do Guillaumestrasse:

➢ O carro teve de permanecer fechado durante toda a viagem.

➢ Ninguém poderia entrar no carro sem a permissão de Platten.

➢ O comboio teria um estatuto territorial adicional. Não seriam solicitados passaportes nas fronteiras.

➢ Os bilhetes serão comprados ao preço normal.

> Nenhuma "preocupação de segurança" deve ser levantada pelo exército ou pela polícia de um país em trânsito.

De acordo com os ficheiros Guillaumestrasse, a viagem foi autorizada e aprovada pelo General Ludendorff e Kaiser Wilhelm. Ludendorff chegou ao ponto de dizer que se a Suécia se recusasse a deixar passar os bolcheviques, ele garantiria a sua passagem para a Rússia através das linhas alemãs! Acontece que o governo sueco não se opôs, nem o governo finlandês.

Um dos notáveis revolucionários que se juntou ao comboio à chegada à fronteira alemã com a Suíça foi Radek, que iria desempenhar um papel de liderança na sangrenta revolução bolchevique. Houve também momentos mais leves. O Guillaumestrasse Files descreve como a carruagem falhou a sua locomotiva em Frankfurt, o que resultou numa marcha de ida e volta durante cerca de 8 horas.

O partido deixou o conforto da sua carruagem na cidade alemã de Sasnitz, no Báltico, onde o governo alemão lhes proporcionou "alojamento decente". O governo sueco ofereceu-lhes amavelmente transporte de barco para Malmö, de onde navegaram para Estocolmo, onde alojamento "agradável" aguardava a festa bolchevique para uma escala nocturna, antes de se dirigir para a fronteira finlandesa.

Foi aqui que o intrépido Platten deixou o grupo em estado de espírito e a viagem final à Rússia foi de comboio para Petrogrado. Assim, uma viagem épica que começou em Zurique, Suíça, terminou em Petrogrado. Lenine tinha lá chegado e a Rússia estava prestes a entrar em colapso. E durante todo este tempo, Bernays e Lippmann e os seus associados na Wellington House (Tavistock) mantiveram um fluxo constante de propaganda de lavagem ao cérebro que, é seguro concluir, enganou grande parte do mundo.

CAPÍTULO 2

A Europa cai do precipício

Após a Primeira Guerra Mundial e o fim da revolução bolchevique, a Europa foi forçada a mudar de acordo com o plano de Tavistock. Quando, graças à Primeira Guerra Mundial induzida pelos britânicos, a Europa caiu do precipício até ao fim do seu mundo, ou talvez fosse mais apropriado dizer que se arrastou como um zombie até que os últimos representantes do seu passado desaparecido desapareceram na escuridão do abismo, as mudanças forçadas tornaram-se muito aparentes.

Este não é um livro sobre a Primeira Guerra Mundial enquanto tal. Centenas de milhares de análises foram escritas sobre as causas e os efeitos da maior tragédia que alguma vez se abateu sobre a humanidade, e no entanto não foi adequadamente tratada e provavelmente nunca o será. Há uma coisa em que muitos escritores - incluindo eu próprio - concordam.

A guerra foi iniciada pela Grã-Bretanha por puro ódio à rápida ascensão da Alemanha a uma grande potência económica em competição com a Grã-Bretanha, e Lord Edward Grey foi o principal arquitecto da guerra.

O facto de ser impopular e não aprovado por uma grande maioria do povo britânico exigia "medidas especiais", um novo ministério para enfrentar o desafio. Na sua essência, foi por isso que foi criada a Casa de Wellington.

De tão humilde início, tornou-se em 2005 o gigantesco Instituto Tavistock de Relações Humanas, a principal instituição mundial de lavagem ao cérebro com a mais sinistra influência ocultista. Terão de ser confrontados e derrotados se os Estados Unidos quiserem sobreviver como uma república constitucional com uma forma de governo republicano garantido em todos os 50 estados, na opinião de vários membros do Senado dos EUA que foram consultados na preparação deste livro, mas que pediram para não serem nomeados.

O rescaldo da Primeira Guerra Mundial e as tentativas infrutíferas de criar uma Liga das Nações apenas alargaram o fosso entre a velha civilização ocidental e a nova. O desastre económico da Alemanha do pós-guerra pairou sobre a cultura ocidental como fumo de uma pira funerária, aumentando a atmosfera sombria, triste e assustadora que começou na década de 1920.

Os historiadores concordam que todos os combatentes sofreram vários graus de devastação económica, embora a Rússia tenha sido um pouco poupada, para ser destruída pelos bolcheviques, enquanto que a Alemanha e a Áustria foram os mais duramente atingidos. Uma estranha espécie de alegria forçada desceu sobre a Europa na década de 1920 (na qual incluo a Grã-Bretanha) e sobre os Estados Unidos. Isto foi atribuído à "juventude rebelde" e ao facto de as pessoas estarem geralmente "fartas da guerra e da política". De facto, as pessoas estavam a responder à penetração a longo prazo e ao condicionamento doméstico dos mestres Tavistock.

Entre o fim da Primeira Guerra Mundial e 1935, ficaram tão chocados como as tropas que tinham sobrevivido ao inferno das trincheiras onde as balas e cartuchos voavam à sua volta, excepto que agora eram as balas e cartuchos económicos e as vastas mudanças nos costumes sociais que entorpeceram os seus sentidos.

Mas o resultado final do "tratamento" foi o mesmo. As pessoas atiraram a discrição aos ventos e a podridão moral que começou em 1918 continua e cresce. Neste estado de alegria forçada, ninguém viu o colapso económico mundial e a subsequente depressão global a chegar.

A maioria dos historiadores concorda que isto foi artificial e somos levados a acreditar que Tavistock desempenhou um papel nas campanhas de publicidade febril das várias facções neste período. Em apoio da nossa alegação de que o acidente e a depressão foram eventos artificiais. Ver o Apêndice dos eventos. Spengler previu o que estava para vir e acontece que as suas previsões eram surpreendentemente exactas. A 'sociedade decadente' e as 'mulheres livres', caracterizadas por atitudes 'tormentosas' e homens sombrios exigiram e conseguiram uma redução na modéstia feminina que resultou em bainhas mais altas, cabelos enrolados e maquilhagem excessiva, mulheres a fumar e a beber em público. À medida que o dinheiro se tornou mais difícil de arranjar e as filas para a sopa dos pobres e o desemprego se tornaram mais longas, as saias tornaram-se mais curtas, enquanto os escritos de Sinclair Lewis, F. Scott Fitzgerald, James Joyce e D. H. Lawrence causaram espanto, os últimos espectáculos e actos nocturnos da Broadway revelaram mais encantos escondidos das mulheres do que nunca e expuseram-nos aos olhos do público.

Em 1919, designers de moda observaram na revista *New Yorker* que "as bainhas deste ano estão a quinze centímetros do chão e são muito ousadas".

CAPÍTULO 3

Como os 'tempos' mudaram

Mas isso foi apenas o começo. Em 1935, com a ascensão de Hitler ao poder, garantida pelas condições impossíveis impostas à Alemanha em Versalhes, as bainhas também subiram a alturas vertiginosas nos joelhos, excepto na Alemanha, onde Hitler exigiu modéstia às mulheres alemãs e a conseguiu, bem como um respeito saudável, o que não se adequava ao programa Tavistock.

As pessoas que param para pensar dizem que odeiam a forma como "os tempos estão a mudar", mas o que não sabem e não podem saber é que os tempos são feitos para mudar de acordo com uma fórmula cuidadosamente elaborada pelo Tavistock. Por toda a parte na Europa e na América, a revolta está em curso, a febre da "emancipação" está a alastrar.

Nos Estados Unidos, foram os ídolos dos filmes mudos que lideraram o caminho, mas isto não é o mesmo que na Europa, onde todos os 'prazeres' são satisfeitos, incluindo a homossexualidade, que há muito se esconde nas sombras e nunca é mencionada na boa sociedade.

A homossexualidade surgiu ao lado do lesbianismo para provocar repugnância e, ao que parece, para ofender deliberadamente aqueles que ainda se apegam à velha ordem.

O estudo desta aberração mostrou que a homossexualidade e o lesbianismo se propagavam não por desejos interiores ou latentes, mas para "chocar" o velho estabelecimento e os seus rígidos códigos de boa moral. A música também sofreu e foi transformada em jazz e outras formas 'decadentes'.

Tavistock estava agora na fase mais crucial do desenvolvimento do seu plano que exigia a redução da feminilidade a um nível de moralidade e comportamento sem paralelo na história. As nações estavam num estado de entorpecimento, "chocadas" com as mudanças radicais que lhes eram impostas e que pareciam imparáveis, em que a total ausência de modéstia feminina se reflectia em atitudes comportamentais aprendidas que fizeram com que os anos 20 e 30 parecessem uma convenção de professores da escola dominical. Nada poderia deter a "revolução sexual" que varreu o mundo naquela época e a degradação planeada da feminilidade que a acompanhou.

Algumas vozes foram ouvidas, nomeadamente as de G.K. Chesterton e Oswald Spengler, mas isto não foi suficiente para contrariar a investida do Instituto Tavistock, que tinha de facto "declarado guerra à civilização ocidental". Os efeitos da "penetração de longo alcance e condicionamento direccional interno" podem ser vistos em todo o lado. A falência moral, espiritual, racial, económica, cultural e intelectual em que hoje nos encontramos não é um fenómeno social ou o resultado de algo abstracto ou sociológico que simplesmente "aconteceu". Pelo contrário, é o resultado de um programa Tavistock cuidadosamente planeado.

O que estamos a ver não é acidental, nem é uma aberração da história. É antes o produto final de uma crise social e moral deliberadamente induzida, manifestada em todo o lado e em figuras como Mick Jagger, Oprah Winfrey, Britney Spears, os programas de televisão 'reality', a 'música' que parece ser uma amálgama de todos os instintos primordiais, Fox News (Faux News), filmes quase pornográficos nos cinemas principais, publicidade em que a modéstia e a decência são atiradas pela janela, comportamento ruidoso e rude em locais públicos, especialmente em restaurantes americanos; Katie Curic e uma série de outras em posições de destaque na sociedade.

Todas estas pessoas foram treinadas para falar com uma voz dura, monótona e guinchante, sem qualquer cadência, como se estivessem a falar através de maxilares cerrados, de uma forma dura, estridente e desagradável para os ouvidos. Enquanto os leitores de notícias e "apresentadores" sempre foram homens, de repente havia apenas uma dúzia de homens no terreno.

Vemo-lo nas 'estrelas' da indústria cinematográfica que produzem filmes de um nível cultural cada vez mais baixo. Vemo-lo também na glorificação de casamentos inter-raciais, divórcio a pedido, aborto e comportamento homossexual e lésbico flagrante, na perda das crenças religiosas e da vida familiar da civilização ocidental. Estrelas" como Ellen DeGeneres, que não têm absolutamente nenhum talento ou valor cultural a oferecer, são apresentadas como modelos para raparigas impressionáveis que estão cada vez mais a desfilar até 75% dos seus corpos. Vemos isto no aumento maciço da toxicodependência e de todo o tipo de males sociais, tais como a aprovação pelo Canadá de uma "lei" que torna o "casamento" gay e lésbico legal sob o pretexto dos "direitos civis".

Vemo-lo na corrupção generalizada do sistema político e no caos constitucional em que a Câmara e o Senado permitem violações flagrantes da mais alta lei da terra a todos os níveis do governo e em mais lado nenhum do que no ramo executivo do governo, onde cada presidente desde Roosevelt se arrogou poderes que o presidente em exercício não é suposto deter. Vemos isto nas decisões ilícitas do presidente para declarar guerras quando tais prerrogativas são explicitamente negadas ao ramo executivo pela Constituição dos EUA.

Vemo-lo numa nova dimensão de desobediência constitucional que se soma a uma lista feia de "leis" não permitidas pela Constituição, sendo uma das mais recentes e chocantes o gritante excesso de poder do Supremo Tribunal dos EUA que quebrou os direitos dos Estados e elegeu George Bush Jr. para a presidência. Este é um dos golpes mais selvagens contra a Constituição e a violação mais flagrante da 10 Emenda da Constituição dos EUA na história deste país. No entanto, o povo americano está tão atordoado e chocado que não foram expressos protestos, não foram realizadas manifestações em massa, não foram feitos apelos para levar o Supremo Tribunal ao calcanhar. Neste incidente, o poder da "penetração de longo alcance e condicionamento direccional interno" de Tavistock provou ser um enorme triunfo.

Não, o estado de desintegração da nossa República em que nos encontramos em 2005 não é o resultado da evolução; é antes o produto final de um projecto de lavagem cerebral de engenharia social cuidadosamente planeado e de proporções imensas. A verdade reflecte-se na morte daquela que foi outrora a maior nação da Terra.

A literatura sobre condicionamento fisiológico escrita por sociólogos de Tavistock funciona bem. A sua reacção é programada. Não se pode pensar de outra forma, a menos que se faça um esforço supremo.

Nem pode tomar medidas para se libertar desta condição, a menos que possa primeiro identificar o inimigo e o seu plano de dissolução dos Estados Unidos e da Europa, em particular, e do mundo ocidental, em geral. Este inimigo chama-se Instituto Tavistock de Relações Humanas e tem estado em guerra com a civilização ocidental desde os seus primeiros dias, antes de encontrar forma e substância na Wellington House e de evoluir para as suas actuais instalações na Universidade de Sussex e na Clínica Tavistock em Londres. Antes de desmascarar esta instituição em 1969, ela era desconhecida nos Estados Unidos. É sem dúvida a primeira instituição de engenharia social do mundo a fazer lavagem ao cérebro.

Analisaremos o que conseguiu nos seus primeiros dias antes da Primeira Guerra Mundial em Inglaterra, e depois no período antes e depois da Segunda Guerra Mundial, até aos dias de hoje. Durante a Segunda Guerra Mundial, o Tavistock Institute estava baseado na Divisão de Guerra Fisiológica do Exército Britânico. Cobrimos a sua história durante os seus anos de formação na Wellington House e agora voltamo-nos para as suas actividades antes e depois da Segunda Guerra Mundial.

CAPÍTULO 4

Engenharia social e cientistas sociais

O Dr. Kurt Lewin foi o principal teórico, especializado no ensino e aplicação da psicologia topológica, que foi e continua a ser o método mais avançado de modificação do comportamento. Lewin foi assistido pelo Major-General John Rawlings Reese, Eric Trist, W. R. Bion, H. V. Dicks e vários dos "grandes" da lavagem ao cérebro e engenharia social como Margaret Meade e o seu marido, Gregory Bateson. Bernays foi o principal consultor até George Bush ser colocado na Casa Branca pelo Supremo Tribunal. Não queremos ser demasiado técnicos, por isso não entraremos em detalhes sobre a forma como aplicaram as ciências sociais. A maioria das pessoas aceitará o termo genérico "lavagem ao cérebro" como uma explicação abrangente das actividades desta "mãe de todos os grupos de reflexão".

Não ficará surpreendido ao saber que Lewin e a sua equipa fundaram o Stanford Research Center, a Wharton School of Economics, o MIT e o National Institute of Mental Health, entre muitas outras instituições que são popularmente consideradas como "americanas". Ao longo dos anos, o governo federal contribuiu com milhões e milhões de dólares para o Tavistock e a sua extensa rede de instituições interligadas, enquanto que a América corporativa e Wall Street igualaram os fundos.

Atrevemo-nos a dizer que sem o crescimento e progresso espantoso das técnicas de lavagem cerebral em massa desenvolvidas pelo Instituto Tavistock, não teria havido Segunda Guerra Mundial, nem nenhuma das guerras que se seguiram, e certamente não as duas Guerras do Golfo, a segunda das quais ainda está em curso em Novembro de 2005.

No ano 2000, não havia praticamente nenhum aspecto da vida na América que os tentáculos de Tavistock não tivessem alcançado, incluindo todos os níveis de governo, desde o local ao federal, indústria, comércio, educação e instituições políticas da nação. Todos os aspectos mentais e psicológicos da nação foram analisados, registados, perfilados e armazenados em bancos de dados informáticos.

O que emergiu é o que Tavistock chama "uma resposta de três sistemas" e é a forma como os grupos populacionais reagem ao stress resultante de "situações inventadas" que se tornam exercícios de gestão de crises. O que temos nos Estados Unidos e na Grã-Bretanha é um governo que cria uma situação que é vista pelos seus cidadãos como uma crise, e o governo gere então essa "crise".

O ataque japonês a Pearl Harbor em Dezembro de 1941 é um exemplo de uma "situação artificial". O ataque a Pearl Harbor foi "fabricado", como explicado anteriormente, com a transferência do dinheiro de Rockefeller para Richard Sorge, o spymaster, e depois para um membro da família imperial, para induzir o Japão a disparar os primeiros tiros, para que a administração Roosevelt tivesse um pretexto para trazer os Estados Unidos para a Segunda Guerra Mundial.

O estrangulamento económico do Japão por parte da Grã-Bretanha e dos Estados Unidos, que estavam a bloquear unilateralmente o fluxo de matérias-primas essenciais para a fábrica da ilha que é o Japão, chegou a um ponto em que se decidiu acabar com ele.

Tavistock desempenhou um papel enorme na formação da onda maciça de propaganda anti-japonesa que levou os Estados Unidos à guerra na Europa através da guerra contra o Japão.

Foi exercida uma pressão económica insuportável sobre o Japão enquanto, ao mesmo tempo, a administração Roosevelt se recusava a "negociar" até que o governo de Tóquio não visse outra saída a não ser atacar Pearl Harbor. Roosevelt tinha convenientemente colocado a Frota do Pacífico em risco ao deslocá-la do seu porto de origem de San Diego para Pearl Harbor sem qualquer razão boa ou estratégica, colocando-a assim directamente ao alcance da Marinha japonesa.

Outro exemplo é mais recente: a Guerra do Golfo, que começou quando se levantaram vozes sobre os alegados stocks de armas nucleares e químicas do Iraque, as chamadas "armas de destruição maciça" (ADM). A administração Bush e o governo Blair sabiam que esta questão era uma "situação inventada" sem fundamento ou mérito; eles sabiam que estas armas não existiam. Havia provas irrefutáveis de que o programa de armamento de Hussein tinha sido cancelado após a Guerra do Golfo de 1991 e pela manutenção de sanções brutais.

Em suma, os dois "líderes" ocidentais foram apanhados numa teia de mentiras, mas tal é o poder do Comité dos 300 e a capacidade de lavagem ao cérebro do Tavistock que permaneceram no cargo apesar de se admitir que, devido às suas mentiras, pelo menos um milhão de iraquianos e mais de 2.000 militares norte-americanos morreram e 25.999 foram feridos (números dos serviços secretos militares russos do GRU), 53% dos quais foram mutilados, com um custo em termos monetários superior, em Outubro de 2005, a 550 mil milhões de dólares.

O número de mortos no Iraque é o total das duas Guerras do Golfo, a maioria dos quais eram civis que morreram por falta de alimentos, água potável e medicamentos como resultado das sanções criminais impostas pelos governos britânico e americano sob a cobertura da ONU.

Ao aplicar sanções contra o Iraque, a ONU violou a sua própria carta e tornou-se uma instituição paralisada sem credibilidade.

Não há paralelo na história em que um homem no mais alto cargo tenha provado ser um mentiroso e um enganador e, no entanto, tenha conseguido manter-se no poder como se nada tivesse manchado o seu cargo, um estado de coisas que demonstra o poder do tratamento "a longo prazo de penetração e condicionamento" do povo americano por parte do Instituto Tavistock, o que o levaria a aceitar mansamente uma situação tão túrgida e horrível sem nunca sair à rua em fúria. Henry Ford não disse que "o povo merece o governo que tem"? Se o povo não fizer nada para derrubar esse governo, como é o direito do povo americano sob a Constituição dos EUA, então merece ter mentirosos e enganadores a governar a sua nação e as suas vidas.

Por outro lado, o povo americano pode estar a passar por uma das três fases do que o Dr. Fred Emery, outrora o psiquiatra chefe de Tavistock, descreveu como "turbulência social ambiental". De acordo com Emery:

> "Grandes grupos populacionais exibem os seguintes sintomas quando sujeitos a condições de mudança social violenta, stress e turbulência que podem ser divididos em categorias bem definidas: A superficialidade é a condição que surge quando o grupo populacional ameaçado reage adoptando slogans superficiais, que tenta fazer passar como ideais".

Muito pouco 'ego-investimento' ocorre, o que torna a primeira fase uma 'resposta inadequada' porque, como Emery afirmou, 'a causa da crise não é isolada e identificada' e a crise e a tensão não diminuem, mas continuam enquanto o controlador quiser que durem. A segunda fase da resposta à crise (uma vez que a crise continua) é a "fragmentação", um estado em que o pânico se instala, a "coesão social" colapsa com o resultado de que grupos muito pequenos se formam e tentam proteger-se da crise sem ter em conta as despesas ou o custo para outros pequenos grupos fragmentados. Emery chama a esta fase "má adaptação passiva", ao mesmo tempo que não consegue identificar a causa da crise.

A terceira fase é quando as vítimas se afastam da fonte da crise induzida e da tensão resultante. Fazem "viagens fantasiosas de migração interna, introspecção e auto-obsessão". Isto é o que Tavistock chama "dissociação e auto-realização". Emery continua a explicar que "as respostas passivas maladaptativas estão agora associadas a 'respostas activas maladaptativas'".

Emery diz que nos últimos 50 anos, as experiências de psicologia social aplicada e a consequente "gestão de crises" tomaram conta de todos os aspectos da vida na América e que os resultados são armazenados nos computadores dos principais "think tanks", como a Universidade de Stanford. Os cenários são divulgados, utilizados e revistos de tempos a tempos e, de acordo com Tavistock, "os cenários estão em funcionamento neste momento".

Isto significa que o Tavistock fez um perfil e uma lavagem ao cérebro à maioria do povo americano. Se alguma parte do público americano for capaz de identificar a causa das crises que engoliram esta nação nos últimos setenta anos, a estrutura de engenharia social construída pela Tavistock entrará em colapso. Mas isto ainda não aconteceu. Tavistock continua a afogar o público americano no seu mar de opinião pública criada.

A engenharia social desenvolvida pelos cientistas sociais de Tavistock foi utilizada como arma em ambas as guerras mundiais deste século, particularmente na Primeira Guerra Mundial. Os pesquisadores que a desenvolveram foram bastante francos: utilizam os mesmos dispositivos e métodos na população americana que foram utilizados e testados contra populações inimigas. Os inquiridores que o desenvolveram foram bastante francos: utilizam os mesmos dispositivos e métodos sobre a população americana que os utilizados e testados contra as populações inimigas.

Actualmente, a manipulação da opinião pública através de sondagens tornou-se uma técnica central nas mãos dos engenheiros sociais e controladores de ciências sociais empregados na Tavistock e dos seus muitos "think tanks" localizados em todos os EUA e Grã-Bretanha.

CAPÍTULO 5

Temos aquilo a que H. G. Wells chamou "um governo invisível"?

Como já indiquei, a ciência moderna da formação da opinião pública através de técnicas avançadas de manipulação de opinião em massa começou numa das fábricas de propaganda mais avançadas do Ocidente, localizada na Grã-Bretanha, na Wellington House. Esta instalação dedicada à engenharia social e à criação da opinião pública no início da Primeira Guerra Mundial esteve sob a égide dos Lordes Rothmere e Northcliffe, e do futuro Director de Estudos do Royal Institute of International Affairs (RIIA), Arnold Toynbee. Wellington House tinha uma secção americana, cujos membros mais proeminentes eram Walter Lippmann e Edward Bernays. Como descobrimos mais tarde, Bernays era sobrinho de Sigmund Freud, um facto cuidadosamente escondido do público.

Juntos concentraram-se em técnicas para 'mobilizar' o apoio à Primeira Guerra Mundial entre as massas de pessoas que se opunham à guerra com a Alemanha. A percepção pública era que a Alemanha era amiga do povo britânico, não inimiga, e o povo britânico não via necessidade de combater a Alemanha. Afinal, não era verdade que a Rainha Vitória era prima do Kaiser Wilhelm II? Toynbee, Lippmann e Bernays tentaram persuadi-los da necessidade da guerra, utilizando as técnicas da nova ciência através das novas artes da manipulação de massas através dos meios de comunicação, para fins de propaganda tingida com uma vontade de mentir que estava apenas no início, tendo adquirido uma experiência considerável durante a Guerra Anglo-Boer (1899-1902).

Não é apenas o público britânico cuja percepção dos acontecimentos precisa de ser alterada, mas também um público americano relutante.

Para este fim, Bernays e Lippmann foram fundamentais na criação do Comité Creel pela Woodrow Wilson, que criou o primeiro conjunto de técnicas metodológicas para a divulgação de propaganda de sucesso e para a ciência das sondagens para obter o parecer "correcto".

Desde o início, as técnicas foram concebidas para que as sondagens (formação da opinião pública) se baseassem numa característica óbvia mas marcante: preocupavam-se com as opiniões das pessoas, não com a sua compreensão dos processos científicos e políticos. Assim, por intenção, os inquiridores forjaram uma mentalidade essencialmente irracional ao nível primário da atenção pública. Esta foi uma decisão consciente de minar a compreensão da realidade por parte de massas de pessoas numa sociedade industrial cada vez mais complexa.

Se alguma vez assistiu ao "Fox News" onde os telespectadores recebem os resultados de uma sondagem sobre "o que os americanos pensam" e depois, durante a hora seguinte, deu por si a abanar a cabeça e a interrogar-se sobre o que os resultados da sondagem reflectiam sobre os seus próprios processos de pensamento, então não pôde deixar de se sentir mais perplexo do que nunca.

A chave para compreender a Fox News e a sondagem pode estar no que Lippmann tinha a dizer sobre estas questões. No seu livro de 1922, *Opinião Pública*, Lippmann descreve a metodologia de guerra psicológica de Tavistock.

Num capítulo introdutório intitulado "O mundo lá fora e as imagens nas nossas cabeças",[3] Lippmann salienta que

> "O objecto de estudo para o analista social da opinião pública é a realidade tal como definida pela percepção interna ou imagens dessa realidade. A opinião pública lida com factos indirectos,

---

[3] O mundo exterior e as imagens nas nossas cabeças. Ndt.

invisíveis e confusos, e não há nada de óbvio neles. As situações a que a opinião pública se refere são conhecidas apenas como opiniões.

"As imagens na cabeça destes seres humanos, as imagens de si próprios, dos outros, das suas necessidades, dos seus objectivos, das suas relações, são as suas opiniões públicas. Estas imagens, actuadas por grupos de pessoas, ou por indivíduos agindo em nome de grupos, são a opinião pública com capitais. A imagem interior engana tantas vezes os homens nas suas relações com o mundo exterior.

A partir desta avaliação, é fácil dar o próximo passo decisivo dado por Bernays, nomeadamente que as elites que dirigem a sociedade podem mobilizar os recursos das comunicações de massa para mobilizar e mudar as mentes do "rebanho".

Um ano após o livro de Lippmann, Bernays escreveu *Crystallizing Public Opinion*. Seguiu-se em 1928 um livro intitulado simplesmente: *Propaganda*.

No primeiro capítulo, "Organizando o Caos", Bernays escreve:

A manipulação consciente e inteligente da organização, hábitos e opiniões das massas é um elemento importante da sociedade democrática. Aqueles que manipulam este mecanismo invisível da sociedade constituem um governo invisível, que é o verdadeiro poder governante do nosso país.

Somos governados, as nossas mentes moldadas, os nossos gostos formados, as nossas ideias sugeridas, em grande parte por homens de quem nunca ouvimos falar... Os nossos governantes invisíveis desconhecem, em muitos casos, a identidade dos seus colegas do gabinete interior.

Qualquer que seja a atitude que se opte por adoptar em relação a esta condição, o facto é que em quase todos os actos da nossa vida quotidiana, seja na política ou nos negócios, na nossa conduta social ou pensamento ético, somos dominados pelo número relativamente pequeno de pessoas - uma fracção insignificante dos nossos milhões - que compreendem os processos mentais e os padrões sociais das massas. São eles que puxam os cordelinhos, que controlam a mente pública, que aproveitam as velhas forças sociais e inventam novas formas de amarrar e guiar o mundo.

Em *Propaganda*, Bernays segue o seu elogio ao "governo invisível" delineando a fase seguinte das técnicas de propaganda:

> medida que a civilização se tornou mais complexa e que a necessidade de um governo invisível tem sido cada vez mais demonstrada, os meios técnicos têm sido inventados e desenvolvidos para governar a opinião. Com a imprensa e o jornal, o telefone, o telégrafo, o rádio e o avião, as ideias podem propagar-se rapidamente e mesmo instantaneamente por toda a América.

Para apoiar o seu argumento, Bernays cita o mentor da "manipulação da opinião pública", H. G. Wells. Cita um artigo de 1928 no *New York Times*, no qual Wells elogia os "modernos meios de comunicação" por "abrirem um Novo Mundo de processos políticos" e tornarem possível "documentar e sustentar o propósito comum" contra a perversão e a traição. Para Wells, o advento da "comunicação de massas" até à televisão, inclusive, significou a abertura de novas e fantásticas vias de controlo social, para além dos sonhos mais selvagens dos primeiros fanáticos de manipulação de massas da British Fabian Society. Voltaremos a este assunto de importância vital mais adiante neste documento.

CAPÍTULO 6

Empregadores de comunicação de massa na indústria dos inquéritos

Para Bernays, o reconhecimento da ideia de Wells valeu-lhe uma posição chave na hierarquia dos controladores da opinião pública americana; em 1929, obteve uma posição na CBS, que tinha acabado de ser comprada por William Paley.

Do mesmo modo, o advento das comunicações de massa deu origem à indústria de sondagens e amostragem, para organizar percepções de massa para a máfia dos media (parte do "governo invisível" que dirige o espectáculo a partir dos bastidores).

Em 1935-36, as sondagens estavam em pleno andamento. Nesse mesmo ano, Elmo Roper lançou a sua revista *Fortune* FOR polls, que evoluiu para a sua coluna "What People Are Thinking"[4] para o *New York Herald Tribune*.

George Gallup fundou o Instituto Americano de Opinião Pública; - em 1936, abriu o Instituto Britânico de Opinião Pública. Gallup deveria basear as suas actividades na Universidade de Princeton, interagindo com o complexo Gabinete de Investigação da Opinião Pública/Instituto de Investigação Social Internacional/Departamento de Psicologia dirigido por Hadley Cantril, que estava destinado a desempenhar um papel cada vez mais importante no desenvolvimento dos métodos de caracterização psicológica posteriormente utilizados na fabricação da Conspiração Aquariana.

---

[4] "O que as pessoas pensam", Ndt.

Durante o mesmo período, 1935-36, as sondagens foram utilizadas pela primeira vez nas eleições presidenciais, conduzidas por dois jornais familiares Cowles, o *Minneapolis Star-Tribune* e o *Des Moines Register*. Os Cowles ainda se encontram no negócio dos jornais.

Com sede em Spokane, Washington, são formadores de opinião activos e o seu apoio à guerra de Bush no Iraque foi um factor crucial.

Não é claro quem introduziu a prática dos "conselheiros presidenciais", pessoas que não são eleitas pelos cidadãos e que os cidadãos não podem controlar, mas que decidem sobre a política externa interna e externa da nação. Woodrow Wilson foi o primeiro presidente americano a utilizar esta prática.

As sondagens de opinião e a Segunda Guerra Mundial

Estes foram pequenos preparativos para a fase seguinte, que foi desencadeada por dois importantes acontecimentos de intersecção: a chegada a Iowa do especialista em guerra psicológica de emigrantes Kurt Lewin e o envolvimento dos Estados Unidos na Segunda Guerra Mundial.

A Segunda Guerra Mundial proporcionou aos cientistas sociais emergentes de Tavistock um enorme campo de experimentação. Sob a liderança de Lewin, as forças-chave que seriam destacadas após a Segunda Guerra Mundial utilizariam as técnicas desenvolvidas para a guerra contra a população dos EUA. De facto, em 1946, Tavistock declarou guerra contra a população civil dos Estados Unidos e tem permanecido em estado de guerra desde então.

Os conceitos básicos expostos por Lewin, Wells, Bernays e Lippmann mantiveram-se como um guia para a manipulação da opinião pública; a guerra deu aos cientistas sociais a oportunidade de os aplicar de uma forma altamente concentrada e de reunir um grande número de instituições sob a sua direcção para alcançar os objectivos das suas experiências.

O instituto central, que foi o veículo de formação da "opinião pública", foi o Comité Nacional da Moral. Ostensivelmente estabelecido para mobilizar apoio para a guerra, por muito que o Presidente Wilson tivesse criado o seu Comité de Gestão para "gerir" a Primeira Guerra Mundial, o seu verdadeiro objectivo era o de conduzir um perfil intensivo do "Eixo" e das populações americanas a fim de criar e manter um meio de controlo social.

O comité foi liderado por vários líderes da sociedade americana, incluindo Robert P. Bass, Herbert Bayard Swope, entre outros notáveis. A sua secretária foi o marido de Margaret Meade, Gregory Bateson, um dos principais instigadores das famosas experiências da CIA "MK-Ultra" LSD que alguns especialistas consideram ser o veículo de lançamento da contracultura americana de drogas, rock e sexo.

A direcção do comité incluiu o politólogo George Gallup, o oficial de inteligência Ladislas Farago e o psicólogo Tavistock Gardner Murphy.

O comité conduziu uma série de projectos especiais, sendo o mais importante um grande estudo sobre a melhor forma de travar uma guerra psicológica contra a Alemanha. As pessoas-chave que desempenharam um papel vital no desenvolvimento do projecto da opinião pública foram:

*   Kurt K. Lewin, Educação e História; Psicologia; Ciências Sociais

*   Professor Gordon W. Allport, Psicologia

*   Professor Edwin G. Borin, Psicologia

*   Professor Hadley Cantril, Psicologia

*   Ronald Lippitt, Ciências Sociais

*   Margaret Mead, Antropologia, Ciências Sociais; Desenvolvimento da Juventude e da Criança

O pessoal incluía mais de 100 investigadores e várias instituições de perfil de opinião essenciais para o projecto.

Uma dessas equipas especiais de projecto estava localizada no Escritório e Serviços Estratégicos (OSS) (o precursor da CIA), constituída por Margaret Mead, Kurt Lewin, Ronald Lippitt, Dorwin Cartwright, John K. Especialistas franceses e da opinião pública, como Samuel Stouffer (mais tarde presidente do Grupo de Relações Sociais do Laboratório da Universidade de Harvard), Paul Lazarsfeld do Departamento de Sociologia da Universidade de Columbia, que juntamente com o profiler Harold Lasswell desenvolveu uma metodologia de 'pesquisa de opinião' para o OSS baseada na 'análise detalhada do conteúdo' da imprensa local em países inimigos, e Rensis Likert

Likert, um executivo sénior da Companhia de Seguros Prudential pouco antes da guerra, aperfeiçoou as técnicas de traçar perfis como director de investigação da Associação de Gestão de Agências de Seguros de Vida. Isto permitiu-lhe interagir favoravelmente com o chefe da US Strategic Bombing Investigation, que era o antigo chefe da Prudential Life Insurance Company. Likert serviu como Director da Divisão Moral da Pesquisa Estratégica de Bombas de 1945 a 1946, o que lhe deu uma considerável margem de manobra na elaboração de perfis e na manipulação da opinião pública em massa.

CAPÍTULO 7

A formação da opinião pública

De acordo com os arquivos do Instituto Tavistock, a Pesquisa Estratégica de Bombas desempenhou um papel fundamental para pôr a Alemanha de joelhos através de um programa altamente disciplinado de bombardeamento sistemático de habitações de trabalhadores alemães, que Sir Arthur Harris, da RAF, teve todo o prazer em levar a cabo.

Além disso, de 1939 a 1945, Likert chefiou a Divisão de Inquéritos de Programas do Departamento de Agricultura, da qual surgiram importantes estudos sobre as técnicas de "persuasão de massas". Ou, dito de outra forma, "fazer com que a opinião pública concorde com os objectivos desejados". Só se pode especular quantos cidadãos acreditavam que o seu apoio ao esforço de guerra 'Aliado' se baseava nas suas próprias opiniões.

Um dos principais colaboradores da Likert nesta divisão foi Dorwin Cartwright, protegido de Lewin e futuro agente da Tavistock, que escreveu o manual 'Alguns Princípios de Persuasão em Massa', ainda hoje em uso.

O Gabinete de Informação de Guerra (OWI), liderado por Gardner Cowles durante grande parte do esforço de guerra, foi outra agência importante para moldar a opinião pública. Bernays foi trazido para a OWI como conselheiro. Foi a partir das ligações que aqui descrevemos que surgiu a rede das principais "instituições de sondagem" após a Segunda Guerra Mundial. Têm desempenhado um papel poderoso e decisivo na vida americana desde então. Gallup, que emergiu do Conselho de Administração do Comité Moral Nacional, intensificou a sua actividade e tornou-se o comandante-chave das instituições de sondagem para lançar as novas políticas do Comité dos 300, que passou a ser "resultados de sondagens".

Bernays desempenhou vários papéis-chave após a guerra. Em 1953, escreveu um documento para o Departamento de Estado recomendando a criação de um gabinete de guerra psicológica estatal. Em 1954 foi consultor da Força Aérea dos EUA, o ramo das forças armadas mais influenciado pelo pessoal do Strategic Bombing Survey.

No início da década de 1950, Bernays foi o consultor de relações públicas da United Fruit (United Brands) Corporation, uma das principais empresas do aparelho de segurança/comunicações nacional (o "complexo militar-industrial" da Eisenhower), que estava então ocupada a consolidar o seu poder sobre a política americana.

Bernays liderou a campanha de propaganda alegando que a Guatemala estava a cair sob "controlo comunista", o que levou a um golpe de Estado organizado pelos EUA naquele país. Em 1955, Bernays escreveu um livro sobre a sua experiência intitulado *The Engineering of Consent (A Engenharia do Consentimento)*.[5]

Este livro tornou-se o plano virtual Tavistock seguido pelo governo dos EUA para derrubar qualquer país cujas políticas sejam inaceitáveis para a ditadura socialista do governo único mundial.

Durante todo o período pós-guerra, Bernays foi membro da Sociedade de Antropologia Aplicada, uma das instituições de controlo social de Margaret Mead nos Estados Unidos, e da Sociedade para o Estudo Psicológico de Questões Sociais, um grupo criado pelo fundador da Tavistock John Rawlings Reese para conduzir 'tropas de choque psiquiátrico' entre a população americana

Uma das suas primeiras acções foi o desbridamento da homossexualidade na Flórida, um movimento amargamente

---

[5] *O fabrico do consentimento*, Ndt.

oposto por Anita Bryant que não fazia ideia do que estava a enfrentar.

A segunda das suas acções foi introduzir o tema de que os não brancos são mais inteligentes do que os brancos, que discutiremos mais tarde.

Likert mudou-se para a Universidade de Michigan para criar o Instituto de Investigação Social (ISR), que absorveu o Centro de Estudos de Dinâmica de Grupo de Massachusetts, a principal filial norte-americana da Tavistock no início do período pós-guerra.

O Tavistock ISR foi o centro de uma série de subgrupos de perfis críticos e 'pesquisa de opinião', incluindo o Centro de Pesquisa na Utilização do Conhecimento Científico, estabelecido por Ronald Lippitt, colaborador do Likert no OSS e discípulo de Lewin.

O director do projecto, Donald Michael, foi uma figura de destaque no Clube de Roma, e um segundo subgrupo, o Survey Research Center, foi uma criação pessoal do Likert que cresceu até se tornar a instituição mais elaborada dos Estados Unidos para "sondar" (criar) as atitudes e tendências populares, principalmente o rebaixamento e degradação da feminilidade e a ênfase nas capacidades intelectuais superiores das pessoas não brancas, de acordo com os cenários cuidadosamente elaborados por Lewin.

Robert Hutchins tornou-se famoso nessa altura e o seu colega mais próximo nesses primeiros anos foi William Benton, o fundador em 1929 com Chester Bowles of Benton e Bowles, a famosa empresa de publicidade. Benton utilizou Benton e Bowles como meio para desenvolver a ciência do controlo de massa através da publicidade.

Foi o trabalho pioneiro de Benton, apoiado por Douglass Cater, que levou ao desenvolvimento do controlo nascente de Tavistock sobre a política dos media dos EUA através do Aspen Institute no Colorado, a sede americana do Comité de 300 do Governo de Um Mundo Socialista.

Menciono de passagem que a ciência do controlo dos meios de comunicação social através da publicidade está agora tão firmemente estabelecida que se tornou a componente chave da formação de opinião. No início do período pós-guerra, Hollywood incorporou-o em quase todos os seus filmes.

A publicidade (lavagem ao cérebro) era feita através do tipo e da marca do carro que o herói conduzia, da marca de cigarros que o suave Lawrence Harvey fumava, das roupas e maquilhagem que a estrela usava, roupas que se tornaram cada vez mais arriscadas à medida que os anos foram passando, até agora, em 2005, a feminilidade tem sido degradada pelos seios quase nus e nus da Britney Spear, expostos pelos jeans magros que usa frequentemente, e pela moral que Hollywood tanto gosta de desrespeitar.

CAPÍTULO 8

A degradação das mulheres e o declínio dos padrões morais

A taxa de degradação da feminilidade acelerou a um grau notável desde que as saias atingiram o joelho. Isto é evidente em áreas como a quase pornografia em filmes e novelas, e aventuramo-nos a sugerir que o dia não está muito distante quando tais cenas serão "totais e obrigatórias".

Este declínio no discurso feminino atraente pode ser atribuído à metodologia Tavistock e aos seus praticantes, Cantril, Likert e Lewin. Outra mudança notável foi o aumento do número de filmes com encontros inter-raciais e sexo, juntamente com reivindicações de "direitos humanos" para lésbicas na sua forma mais aberta.

Foram seleccionadas e treinadas pessoas especiais para esta tarefa, sendo provavelmente a mais conhecida Ellen Degeneres que recebeu centenas de milhares de dólares em publicidade gratuita sob o pretexto de ser entrevistada em talk shows e grupos de "discussão" sobre o tema "amor do mesmo sexo", ou seja, encontros entre duas mulheres envolvendo algum tipo de prática sexual.

Benton, o pioneiro do rebaixamento da feminilidade, foi mentorado pelo principal cientista social de Tavistock da teoria do perfil, Harold Lasswell, que, com Benton, fundou a American Policy Commission em 1940. A joint venture de Lasswell com Benton marcou a ligação mais clara entre as operações secretas do governo socialista mundial da Aspen na América e o Instituto Tavistock. Aspen tornou-se a sede do Comité de 300 filiais nos

Estados Unidos.

Hedley Cantril, Likert e Lewin, com a sua metodologia aplicada à psicologia humanista e à lavagem cerebral, têm desempenhado um papel cada vez mais vital na utilização da "pesquisa de opinião" para provocar mudanças de paradigma e de valor na sociedade, tais como as que acabam de ser descritas, mas a uma escala mais vasta e a todos os níveis da sociedade que constituem a civilização ocidental como é conhecida há séculos.

A base de Cantril, a partir da qual ele conduziu as suas operações de guerra contra o povo americano, foi o Gabinete de Investigação da Opinião Pública da Universidade de Princeton, fundado em 1940, no mesmo ano em que Cantril escreveu o seu livro *A Invasão de Marte*, uma análise detalhada de como a população da área de Nova Iorque-Nova Jersey reagiu com medo e pânico ao arejamento da "Guerra dos Mundos" de Orson Wells em 1938.

Como poderiam saber que faziam parte de uma empresa de perfis, quando é razoável concluir que em 1938 praticamente nenhum americano tinha ouvido falar de Hadley Cantril ou do Instituto Tavistock? Seria interessante saber quantos americanos tinham ouvido falar do Tavistock em 2005?

A maioria das pessoas lembra-se de Orson Wells, mas provavelmente noventa e nove por cento da população não atribui qualquer importância ao nome de Cantril e não conhece o Instituto Tavistock.

Vamos contar a história da noite de 30 de Outubro de 1938, porque as mesmas técnicas foram utilizadas pela administração Bush, o Departamento de Defesa e a CIA para moldar a percepção pública dos acontecimentos que levaram à invasão do Iraque em 2003 e que ainda são relevantes em 2005.

Em 1938, Orson Wells tinha criado uma reputação de mestre das notícias falsas ao utilizar o autor inglês H. G. Wells, um antigo agente do MI6, e o seu livro *War of the Worlds*.

Na adaptação radiofónica do trabalho de Wells, os outros Wells interromperam os programas radiofónicos em Nova Jersey, anunciando que os marcianos tinham acabado de aterrar. "A invasão marciana começou", declarou Orson Welles.

Durante esta produção de quatro horas, foi anunciado nada menos que quatro vezes que o que o público estava a ouvir era uma reencenação fictícia de como seria a história de H.G. Wells se ganhasse vida. Mas não serviu de nada. O pânico apoderou-se de milhões de pessoas enquanto fugiam de suas casas aterrorizadas e bloqueavam estradas e sistemas de comunicação. Qual foi o objectivo do 'embuste'? Em primeiro lugar, foi para testar a eficácia dos métodos de Cantril e Tavistock na prática e, talvez mais importante, para preparar o terreno para a próxima guerra na Europa, na qual as "emissões de notícias" desempenhariam um papel crucial na recolha e disseminação de informação como uma fonte estabelecida de informação fiável, bem como um fórum para moldar a opinião pública.

Dois dias após a emissão do boletim informativo "Invasão Marciana", um editorial do *New York Times* intitulado "Terror by Radio" destacou inconscientemente o que Tavistock tinha em mente para o povo americano na aproximação da guerra: "O que começou como entretenimento poderia facilmente ter terminado em desastre", disse o editorial. Os executivos da rádio tinham uma responsabilidade e "deveriam pensar duas vezes antes de misturar técnicas noticiosas com ficção tão aterradora".

O que o *Times* inadvertidamente tropeçou foi a onda do futuro vista através dos olhos dos teóricos de Tavistock. De agora em diante, "misturar técnicas de notícias com ficção tão aterradora" que seria tomado como facto, seria uma prática padrão para os licenciados Tavistock. Todos os programas noticiosos deveriam ser adaptações de 'notícias e ficção' numa mistura inteligente para tornar um irreconhecível do outro.

De facto, Tavistock pôs em prática a sua teoria recentemente testada um ano mais tarde, quando a população das cidades europeias de Londres, Munique, Paris e Amesterdão foi atingida pelo medo da guerra, mesmo quando Neville Chamberlain conseguiu evitar a guerra, utilizando as mesmas técnicas

utilizadas nas emissões de rádio da "Guerra dos Mundos" de
Outubro de 1938.

CAPÍTULO 9

Como é que indivíduos e grupos reagem à mistura de realidade e ficção?

A conclusão de Cantril é que o público reagiu exactamente como as suas experiências de investigação sobre o perfil o tinham levado a acreditar. Naquele domingo à noite de 30 de Outubro de 1938, o seu registo deveria tornar-se um marco nos seus registos e uma data que significaria uma vasta mudança de paradigma na forma como as "notícias" seriam doravante apresentadas. Pouco mais de sete décadas depois, o mundo continua a ser alimentado com notícias misturadas com ficção, ficção que em muitos casos é aterradora. O mundo ocidental sofreu mudanças radicais que lhe foram impostas com relutância, ao ponto de se ter tornado um mundo tão diferente do que era naquela noite de Outubro de 1938, que se tornou "outro planeta". Voltaremos a este assunto essencial mais tarde neste livro.

Após a Segunda Guerra Mundial, Cantril envolveu-se plenamente com o guru chefe do Tavistock, o seu fundador, John Rawlings Reese e o seu projecto sobre tensões globais na UNESCO das Nações Unidas.

Perfis de como indivíduos e grupos responderam às tensões internacionais foram formulados com base numa mistura inteligente de factos e ficção aterradora para uma campanha de lançamento de "cidadãos do mundo" (de uma ditadura governamental socialista-comunista de um mundo) que começou a ser usada para enfraquecer fronteiras, língua e cultura e para desacreditar o orgulho nacional e a soberania dos estados-nação, em preparação para a nova ordem mundial socialista - um governo mundial único, que o Presidente Woodrow Wilson disse que a América tornaria seguro para a "democracia".

Estes rapazes americanos do Arkansas e da Carolina do Norte foram enviados para a Europa acreditando que estavam "a lutar pelo seu país", nunca sabendo que a "democracia" que Wilson os estava a enviar para "assegurar para o mundo" era uma ditadura socialista-comunista internacional de um governo mundial.

John Rawlings Reese foi o editor da revista Tavistock, o *Journal of Humanistic Psychology*. A sua mentalidade partilhada reflecte-se na monografia de 1955, Rumo a uma Psicologia Humanista, e como uma progressão do apoio de Cantril à percepção de "personalidade" treinada pelo Tavistock do Aeroporto de Gordon. Tal como o expressou no livro de 1947, *Understanding Man's Social Behavior,* num capítulo sobre "Causalidade". A metodologia de Cantril foi baseada na concepção de que "o ambiente particular em que o crescimento ocorre dá ao indivíduo em particular uma direcção particular para o seu crescimento".

Os esforços de Cantril são bons exemplos de como quebrar as fronteiras entre a formação de opinião supostamente neutra e a formação de opinião socialmente concebida, através do compromisso de Tavistock em forçar grandes mudanças de personalidade e de comportamento em todos os sectores dos grupos populacionais visados, tal como procurámos descrevê-los.

A Cantril nomeou um conselho de administração para a assistir no seu trabalho, incluindo :

➢ Warren Bennis, um seguidor do gerente da Tavistock Eric Trist.

➢ Marilyn Ferguson, que seria a autora de *The Aquarian Conspiracy;*

➢ Jean Houston, Directora do Instituto de Investigação do Cérebro, membro do Clube de Roma e autora de Mind Games.

➢ Aldous Huxley, que supervisionou o programa MK-Ultra LSD que durou 20 anos.

➢ Willis Harman, director da Universidade de Stanford e mentor de "The Changing Images of Man", mais tarde disfarçado de

"The Aquarian Conspiracy" e apresentado como a obra de Marilyn Ferguson.

➢ Michael Murphy, director do Instituto Esalen, criado por Huxley e outros como centro de "treino de sensibilidade" e experiências com drogas.

➢ James F. T. Bugenthal, um iniciador de projectos de criação de culto em Esalen.

➢ Abraham Maslow, o expoente máximo da "força do pensamento" irracionalista e fundador da AHP em 1957.

➢ Carl Rogers, colega de Maslow na AHP em 1957.

A ideologia reinante da AHP foi ilustrada por uma resenha de livro numa edição de 1966 da sua revista, *The Journal of Humanistic Psychology*.

Revendo o livro de Maslow, *The Psychology of Science*, Willis Harman, um ano antes do seu estudo de 1967-69 em Stanford, saudou o "desafio à ciência" pela "ESP, psicocinese, misticismo, e drogas em expansão da consciência" (especialmente LSD e mescalina). Elogiou a "nova ciência" de Maslow como trazendo à tona "hipnose, criatividade, parapsicologia e experiência psicadélica" e mudando as preocupações científicas do mundo "exterior" para o estudo do "espaço interior".

Foi o pensamento original de Cantril sobre "personalidade especial" que foi levado à sua conclusão lógica. Cantril teve a "glória e honra" de forçar uma vasta mudança de paradigma na forma como o mundo ocidental pensa e se comporta.

Oswald Spengler não teria certamente tido dificuldade em identificá-lo como uma das causas da queda do Ocidente que ele previu em 1936.

Fazer mudanças na "estrutura cognitiva e comportamental".

Qualquer que seja a cor particular da ideologia que acompanhou os cientistas dos inquéritos após a Segunda Guerra Mundial, a noção invariável de engenharia social através de 'métodos de amostragem' e 'pesquisa de opinião' pode ser encontrada no artigo de Cartwright *Some Principles of Mass Persuasion*[6] preparado para a Divisão de Inquéritos de Programas do Departamento de Agricultura

O artigo foi legendado 'Selected Findings of Research on the Sale of United States War Bonds',[7] mas como Cartwright deixa claro, o aspecto de guerra do inquérito foi apenas um pretexto para conduzir uma análise dos princípios de como a percepção pode ser alterada para se adequar aos propósitos que o controlador possa ter em mente.

Poder-se-ia perguntar o que a venda de títulos de guerra tinha a ver com a agricultura, mas isso fazia parte da metodologia de Cartwright. Foi a hipótese Bernays-Lippmann-Cantril-Cartwright sintetizada e concentrada num contexto da Segunda Guerra Mundial. O artigo foi publicado no jornal Tavistock, o que deverá atrair imediatamente a atenção do leitor.

> Dos muitos avanços tecnológicos do século passado que provocaram mudanças na organização social", começa Cartwright, "o desenvolvimento dos meios de comunicação social promete ter o maior impacto. Esta interdependência crescente das pessoas significa que as possibilidades de mobilização da acção social de massas foram grandemente aumentadas. É concebível que uma única pessoa persuasiva possa, através da utilização de meios de comunicação de massas, curvar a população mundial à sua vontade".

Não acreditamos que Cartwright tivesse Jesus Cristo em mente quando fez esta declaração.

Sob um subtítulo, "Criar uma estrutura cognitiva particular", Cartwright continua:

> Primeiro princípio: "Quase todos os psicólogos consideram como verdadeiro que o comportamento de uma pessoa é guiado pela sua percepção do mundo em que vive... Decorre desta

---

[6] *Princípio da persuasão de massa*, Ndt.

[7] "Conclusões Selectivas sobre a Investigação da Venda de Títulos de Guerra dos EUA", Ndt.

formulação que uma forma de mudar o comportamento de uma pessoa é mudar a sua estrutura cognitiva. A alteração da estrutura cognitiva dos indivíduos através dos meios de comunicação de massas tem várias condições prévias. Estes podem ser declarados como princípios".

Interpolando o seu relato com exemplos da aplicação do seu estudo à campanha de venda de títulos de guerra da Segunda Guerra Mundial, Cartwright continuou a desenvolver os princípios: "A 'mensagem' (isto é, informação, factos, etc.) deve chegar aos órgãos dos sentidos das pessoas a influenciar... As situações de estímulo total são seleccionadas ou rejeitadas com base numa impressão das suas características gerais", etc. Um segundo conjunto de princípios desenvolveu ainda mais os métodos de modificação da "estrutura cognitiva".

> Segundo princípio: "Tendo alcançado os órgãos dos sentidos, a 'mensagem' deve ser aceite como parte da estrutura cognitiva da pessoa".

O Cartwright observa nesta secção que

> "qualquer esforço para alterar o comportamento modificando esta estrutura cognitiva deve ultrapassar as forças que tendem a manter a estrutura actual".

Só quando uma dada estrutura cognitiva parece ser insatisfatória para a sua adaptação é que a pessoa é susceptível de receber facilmente influências destinadas a modificar essa estrutura".

Sob o título "Criar uma estrutura motivacional particular", Cartwright analisou mais aprofundadamente

> "os incentivos sociais que mergulharam os governadores da Reserva Federal dos EUA em Washington em tumultos por um período prolongado".

CAPÍTULO 10

Os inquéritos atingem a maioridade

A Clínica Tavistock em Londres era o local onde Sigmund Freud se tinha estabelecido à sua chegada da Alemanha, e onde o seu sobrinho, Edward Bernays, manteve mais tarde toda uma corte de admiradores.

Assim, a Inglaterra tornou-se o centro mundial da lavagem ao cérebro em massa, uma experiência de engenharia social que se espalhou em clínicas do pós-guerra pelos Estados Unidos.

Durante a Segunda Guerra Mundial, Tavistock foi o quartel-general do Gabinete de Guerra Psicológica do Exército Britânico que, através dos arranjos do Executivo Britânico de Operações Especiais (SOE) (mais tarde conhecido como MI6), ditou a política das forças armadas americanas em matéria de guerra psicológica.

Perto do fim da guerra, o pessoal de Tavistock assumiu a Federação Mundial de Saúde Mental e a Divisão de Guerra Psicológica da Sede Suprema, Força Expedicionária Aliada (SHAEF) na Europa.

O principal teórico de Tavistock, Dr Kurt Lewin, veio aos Estados Unidos para organizar a Harvard Psychological Clinic, o MIT Centre for Research on Group Dynamics, o University of Michigan's Institute for Social Research, enquanto os seus colegas Cartwright e Cantrill se juntaram a ele para desempenhar papéis políticos fundamentais nos departamentos psicológicos do Office of Strategic Services (OSS), o Office of Naval Research (ONI), o U.S. Strategic Bombing Survey e o Committee of National Morale.

Além disso, muitas pessoas influentes ao mais alto nível político foram treinadas na teoria da psicologia topológica do Dr. Lewin, que é o método mais avançado do mundo para modificar o comportamento e a lavagem cerebral até à data. Os importantes colegas de Kurt Lewin na Tavistock, Eric Trist, John Rawlings Reese, H. V. Dicks, W. R. Bion, e Richard Crossman, bem como membros seleccionados da Pesquisa Estratégica de Bombas, do Comité de Moral Nacional, e do Conselho Nacional de Recursos de Defesa, juntaram-se a Lewin na Rand Corporation, no Stanford Research Institute, na Wharton School, nos Laboratórios Nacionais de Formação, e no Instituto Nacional de Saúde Mental.

O governo americano começou a fazer contratos multimilionários com todas estas instituições. Durante um período de quarenta anos, dezenas de milhares de milhões de dólares foram atribuídos pelo governo federal para financiar o trabalho destes grupos, enquanto dezenas de milhares de milhões mais foram dados a estas instituições por fundações privadas.

Ao longo dos anos, estas instituições têm crescido e o âmbito dos projectos que contrataram tem crescido com elas. Todos os aspectos da vida mental e psicológica do povo americano têm sido perfilados, registados e armazenados em bancos de dados informáticos.

As instituições, pessoal e redes têm continuado a expandir-se e a penetrar profundamente em todos os cantos dos governos federais, estaduais e locais. Os seus especialistas internos e licenciados foram chamados a desenvolver políticas para serviços sociais, conselhos de mediação laboral, sindicatos, a Força Aérea, a Marinha, o Exército, a Associação Nacional de Educação e clínicas psiquiátricas, bem como a Casa Branca, o Departamento de Defesa e o Departamento de Estado. Estas estruturas também beneficiam de numerosos contratos com a Agência Central de Inteligência (CIA).

Foram desenvolvidas relações estreitas de cooperação entre estes grupos de reflexão e os principais sondadores e empresas de comunicação social dos Estados Unidos. A Gallup Poll, a

Yankelovich-CBS-New York Times Poll, o National Opinion Research Center e outros estavam constantemente a conduzir perfis psicológicos da população em geral, partilhando os resultados para avaliação e processamento com os omnipresentes psicólogos sociais.

O que o público vê nos jornais como sondagens de opinião é apenas uma fracção do trabalho que os inquiridores se propuseram a fazer. Uma das chaves para o controlo da Tavistock sobre áreas chave do negócio diário no Ocidente é o facto de não haver outros meios de comunicação.

Os Estados Unidos têm agora a sua própria estação de televisão de facto, a Fox News, que, desde a sua aquisição por Richard Murdoch, tem sido uma máquina de propaganda praticamente sem costura para o governo.

Acima deste grupo de psicólogos sociais, investigadores e manipuladores dos media preside uma elite de poderosos patronos, "os Deuses do Olimpo" (o Comité dos 300). Sabe-se em círculos informados que este grupo controla tudo no mundo, com excepção da Rússia e, mais recentemente, da China.

Planeia e implementa estratégias a longo prazo de uma forma abrangente, disciplinada e unificada. Comanda mais de 400 das maiores empresas da Fortune 500 nos Estados Unidos, com ligações interligadas que tocam todas as facetas do governo, comércio, banca, política externa, agências de informação e o estabelecimento militar.

Esta elite absorveu todos os outros 'grupos de poder' da história anterior dos EUA; o grupo Rothschild, Morgan, Rockefeller, o East Coast Liberal Establishment personificado pelas famílias Perkins, Cabot, Lodge, a nata do antigo comércio multi-bilionário de ópio da Índia Oriental.

A sua hierarquia inclui as antigas famílias descendentes da British East India Company, cuja vasta fortuna provinha do comércio do ópio, e que são governadas de cima para baixo, incluindo a realeza europeia, entre outras.

Nos recessos mais profundos do estabelecimento dos serviços

secretos de Washington, os oficiais superiores dos serviços secretos referem-se a este impressionante grupo, em tons abafados e em linguagem misteriosa, como o "Comité dos 300". Os líderes são chamados "Os Olimpíadas". Nenhum presidente dos EUA é eleito ou permanece no cargo sem o seu favor. Aqueles que se opõem ao seu controlo são removidos. Exemplos são John F. Kennedy, Richard Nixon e Lyndon Johnson. O Comité do 300 é o governo mundial socialista internacional que dirige a Nova Ordem Mundial a partir dos bastidores, onde permanecerá até estar pronto para emergir e assumir o controlo total e aberto de todos os governos do mundo, numa ditadura comunista internacional.

CAPÍTULO 11

A mudança de paradigma na educação

Durante a década de 1970, foi implementada uma mudança radical de paradigma no currículo escolar a todos os níveis, na medida em que os alunos recebiam créditos escolares para cursos cívicos em vez de leitura, escrita e aritmética. Uma epidemia de "sexo casual" e de consumo de drogas tem sobrecarregado os adolescentes que frequentam a escola e espalhou-se por todo o país.

Em Julho de 1980, realizou-se uma grande conferência internacional em Toronto, Canadá, sob os auspícios da Primeira Conferência Global sobre o Futuro, na qual participaram 4.000 engenheiros sociais, peritos cibernéticos e futuristas de todos os grupos de reflexão. A conferência foi liderada pelo presidente bilionário do Instituto Tavistock, Maurice Strong, que definiu o tema:

> "Chegou o momento de passar da reflexão e do diálogo à acção. Esta conferência tornar-se-á a plataforma de lançamento desta importante acção nos anos 80.

Strong foi presidente da Petro-Canada, uma das muitas empresas "emblemáticas" dos "Olympians". Foi membro dos serviços secretos britânicos MI6, onde ocupou o posto de coronel durante a Segunda Guerra Mundial. Strong e a sua rede de empresas estavam fortemente envolvidas no altamente lucrativo comércio de ópio, heroína e cocaína. Forte e Aldous Huxley foram responsáveis pela peste do LSD que varreu os Estados Unidos e mais tarde a Europa. Foi director do programa ambiental das

Nações Unidas.

Um dos principais oradores dos "Olimpíadas" na conferência foi o Dr. Aurelio Peccei, Presidente do Clube de Roma, um grupo de reflexão da OTAN.

A Organização do Tratado do Atlântico Norte (OTAN) foi criada como parte da Conspiração Aquariana, um projecto de sociólogos da Universidade de Stanford, sob a liderança de Willis Harmon. A OTAN, por sua vez, formou e promoveu um novo ramo chamado "O Clube de Roma", sendo o nome destinado a confundir e disfarçar porque não tem nada a ver com a Igreja Católica.

Sem entrar nos pormenores técnicos do Clube de Roma (doravante referido como "o Clube"), o seu objectivo era contrabalançar a expansão agrícola e militar pós-industrial, uma "sociedade pós-industrial, agrícola, de crescimento zero", que supostamente deveria pôr fim às indústrias transformadoras florescentes e à crescente capacidade de produção alimentar da agricultura mecanizada da América. A adesão ao Clube e à OTAN era permutável.

A Stanford Research, o Instituto Tavistock e outros centros de psiquiatria social aplicada juntaram-se a ela. Em 1994, a Tavistock assinou um importante contrato com a NASA para avaliar os efeitos do seu programa espacial. O próprio Clube só foi fundado em 1968 como parte do apelo para uma Nova Ordem Mundial dentro de um Governo Mundial Único. O Clube tornou-se um instrumento para impor limites de crescimento às nações industriais, e os EUA foram o primeiro país a ser visado.

Este foi de facto um dos primeiros passos dados para implementar o objectivo dos '300', nomeadamente devolver os EUA a uma espécie de estado feudal onde toda a população é controlada por uma nova aristocracia ocultista. Uma das indústrias contra as quais o Clube se bateu foi a energia nuclear, e conseguiu parar a construção de todas as centrais nucleares para produção de electricidade, o que colocou a procura muito para além da oferta de energia eléctrica. A NATO foi a sua aliança militar para manter a Rússia na linha.

Os pontos seguintes constavam da ordem de trabalhos da reunião de 1980 acima mencionada:

➢ O movimento de libertação das mulheres.

➢ Consciência negra, mistura racial, eliminação de tabus contra o casamento, como proposto pela antropóloga Tavistock Margaret Meade e Gregory Bateson.

➢ Foi decidido nesta reunião que seria lançado um programa agressivo para apresentar as "raças de cor" como superiores aos Brancos da civilização ocidental. Foi a partir deste fórum que Oprah Winfrey e um grande número de negros foram recrutados e treinados para o seu papel na apresentação das "raças mistas" como superiores aos brancos.

➢ Isso também é visto em filmes onde as estrelas negras proliferam subitamente ao ponto de se tornarem nomes familiares. Também é visto quando uma pessoa negra é colocada numa posição de autoridade sobre os brancos, como um juiz, um chefe distrital do FBI ou do exército, um CEO de uma grande corporação, etc.

➢ A rebelião dos jovens contra os males imaginários da sociedade.

➢ Interesse emergente na responsabilidade social das empresas.

➢ O fosso entre gerações implica uma mudança de paradigma.

➢ O preconceito anti-tecnologia de muitos jovens.

➢ Experimentação de novas estruturas familiares - relações interpessoais em que a homossexualidade e o lesbianismo se tornaram "normalizadas" e "não diferentes das outras pessoas" - aceitáveis a todos os níveis da sociedade, duas "mães" lésbicas.

➢ O surgimento de falsos movimentos de

conservação/ecológicos como o "Greenpeace".

> Um interesse renovado nas perspectivas religiosas e filosóficas orientais.

> Um interesse renovado no cristianismo 'fundamentalista'.

> Os sindicatos concentram-se na qualidade do ambiente de trabalho.

> Um interesse crescente em meditação e outras disciplinas espirituais "Cabala" foi para suplantar a cultura cristã e pessoas especiais foram escolhidas para ensinar e difundir a Cabala. Os primeiros discípulos escolhidos foram Shirley McLean, Roseanne Barr e mais tarde Madonna e Demi Moore.

> A importância crescente dos processos de 'auto-realização'.

> Reinvenção da música, "hip-hop" e "rap", por grupos tais como "Ice Cube".

> Uma nova forma de linguagem em que o inglês é tão manchado a ponto de ser ininteligível. Este fenómeno estende-se aos leitores de notícias em horário nobre.

Estas tendências díspares significam o surgimento de um clima de convulsões sociais e mudanças profundas, à medida que uma nova imagem do ser humano começa a tomar forma, provocando mudanças radicais na civilização ocidental.

Uma rede 'sem líderes', mas poderosa, o 'exército invisível', propôs-se a provocar uma mudança 'inaceitável' nos EUA. Os seus membros centrais foram as "tropas de choque" que radicalizaram todas as formas da norma, rompendo elementos-chave da civilização ocidental. Entre os 'Olímpicos', esta rede era conhecida como a 'Conspiração Aquariana' e os seus aderentes seriam conhecidos como as 'tropas de choque invisíveis'.

Esta enorme, gigantesca e irrevogável mudança de paradigma

invadiu a América enquanto dormíamos, varrendo o velho com novos sistemas políticos, religiosos e filosóficos. Isto é o que os cidadãos da nova ordem mundial - um governo mundial - terão de mostrar a seguir, um novo espírito - o nascimento de uma nova ordem sem Estados-nação, sem orgulho de lugar e raça, uma cultura do passado condenada ao caixote do lixo da história, para nunca ser reavivada.

Sabemos por experiência que este trabalho é susceptível de ser recebido com desprezo e incredulidade. Alguns sentirão mesmo pena de nós. Termos como "fora do comum" serão utilizados para descrever este trabalho. Esta é a reacção habitual quando não se conhecem os motivos dos cientistas sociais do Tavistock, lavadores de cérebros, formadores de opinião, psicólogos sociais, ao fazerem a sua guerra contra os EUA. A probabilidade é que 90% dos americanos não saibam que Tavistock declarou guerra à população civil alemã para pôr fim à Segunda Guerra Mundial.

Quando este conflito terminou em 1946, a lavagem ao cérebro em massa e os praticantes de opinião de Tavistock entraram em guerra com o povo americano.

Se é assim que reage a esta apresentação, não se sinta mal - compreenda que é assim que deve reagir. Se a motivação parece rebuscada e implausível, ou mesmo incompreensível, então a motivação "não existe". Se for este o caso, então a acção resultante não existe; portanto, ergo "os Olimpíadas" não existem e não há nenhuma conspiração.

Mas o facto é que existe de facto uma conspiração gigantesca. Não há dúvida de que Kurt Lewin, o cientista líder da Tavistock e teórico fundamental de todos os grupos de reflexão, poderia explicá-lo mais claramente do que fomos capazes de fazer, se o quisesse fazer. A sua prática deriva do que ele chama a doutrina da 'topologia-psicologia'. Lewin é o homem cujas teorias permitiram travar com sucesso as batalhas de guerra psicológica da Segunda Guerra Mundial, o homem que planeou e executou os bombardeamentos estratégicos que levaram à derrota da Alemanha na Segunda Guerra Mundial pela destruição maciça de 65% das habitações dos trabalhadores alemães, que acabámos de mencionar muito brevemente.

CAPÍTULO 12

A doutrina de Lewin de "mudança de identidade"

A doutrina de Lewin não é fácil de seguir para o leigo. Basicamente, Lewin afirma que todos os fenómenos psicológicos ocorrem dentro de um domínio definido como "espaço de fase psicológica". Este espaço é composto por dois "campos" interdependentes, o "ambiente" e o "self".

O conceito de "ambiente controlado" surgiu do estudo que, se tiver uma personalidade fixa (que pode ser perfilada de uma forma previsível), e quiser obter um determinado tipo de comportamento dessa personalidade, basta controlar a terceira variável na equação para produzir o comportamento desejado.

Era um padrão nas fórmulas de psicologia social. O MI6 utilizou-o, e quase todos os tipos de situações envolvendo negociações; operações de contra-insurgência do exército, negociações laborais e negociações diplomáticas utilizaram-no até aparentemente aos anos 60.

Depois de 1960, Tavistock mudou a equação ao colocar mais ênfase na técnica do ambiente controlado; não no comportamento, mas na personalidade desejada. O que Lewin se propôs alcançar foi muito mais radical e permanente: mudar as estruturas profundas da personalidade humana. Em suma, o que Lewin conseguiu foi ir além da "modificação de comportamento", passando para a "mudança de identidade".

A mudança de identidade foi abraçada pelas nações do mundo. As nações esforçavam-se por adquirir uma "nova personalidade" que mudasse a forma como o mundo as encarava.

A teoria foi baseada nas formulações originais de dois teóricos de Tavistock, a teoria do Dr William Sargent no seu livro *Battle for the Mind*, e o trabalho de Kurt Lewin sobre a regressão da personalidade.

Lewin observou que "o eu interior do indivíduo exibe certas reacções quando sujeito a tensão do ambiente. Quando não há tensão, o eu interior normal de uma pessoa é bem diferenciado, equilibrado, multifacetado e versátil".

"Quando uma tensão razoável é aplicada pelo ambiente, todas as capacidades e faculdades do eu interior tornam-se alertas, prontas para agir eficazmente.

Mas quando uma tensão intolerável é aplicada, esta geometria desmorona numa sopa cega e indiferenciada; uma personalidade primitiva em estado de regressão. A pessoa é reduzida a um animal; as capacidades altamente diferenciadas e versáteis desaparecem. O ambiente controlado toma conta da personalidade".

É esta "técnica" de Lewin que está a ser utilizada em prisioneiros detidos no campo prisional da Baía de Guantanamo, desafiando o direito internacional e a Constituição dos EUA. A conduta manifestamente errada da administração Bush neste campo ultrapassa os limites da civilização cristã ocidental normal, e a sua aceitação por um público americano cumpridor pode ser o primeiro sinal de que o povo americano foi tão transformado pela "penetração de longo alcance e condicionamento doméstico" de Tavistock que está agora pronto para descer ao nível da Nova Ordem Mundial num Governo Mundial Único, onde tal "tratamento" bárbaro será considerado normal e aceite sem protesto.

O facto de os médicos terem participado na tortura desumana de outro ser humano e não sentirem remorsos mostra o quão baixo o mundo já caiu.

Observou-se que esta era a base para o campo militar na Baía de Guantánamo, Cuba, que foi lá aberto para evitar as restrições da Constituição dos EUA e para proporcionar um ambiente controlado do tipo Lewin. Os homens detidos nesta prisão psicológica encontram-se agora num estado de regressão em que foram reduzidos ao nível dos animais.

Guantanamo é o tipo de campo que acreditamos que será estabelecido em todos os Estados Unidos e no mundo quando a Nova Ordem Mundial - um governo de um mundo - assumir o controlo total do mundo. É um campo sádico, desumano e bestial, concebido para quebrar o orgulho natural das vítimas, para quebrar a vontade de resistir e para reduzir os prisioneiros a bestas.

Na primeira experiência do governo mundial na então URSS, os homens foram autorizados a utilizar a casa de banho apenas para serem interrompidos no meio da evacuação e empurrados para fora antes de se poderem limpar. Abu Ghraihb e Guantanamo estavam mais ou menos a este nível quando os controladores passaram a estar sob escrutínio mundial. O General Miller, que era o chefe kapo, desapareceu desde então da vista.

Os "dissidentes" que insistem que o governo dos EUA obedeça à Constituição e exigem que os seus direitos constitucionais sejam tratados no futuro como "dissidentes", tal como Estaline tratou os "dissidentes" na Rússia. Os futuros "Guantanamos" que surgiram por toda a América são um prenúncio do que está para vir. Podemos ter a certeza disso.

CAPÍTULO 13

O declínio induzido da civilização ocidental entre as duas guerras mundiais

De todas as nações europeias, no período entre as duas guerras mundiais, a Alemanha, como nação super económica, super racialmente pura, super guerreira, sofreu mais, como foi previsto. A Liga das Nações foi o "primeiro projecto" da nova ordem mundial em rápida aproximação a um governo mundial, e as "propostas de paz" da Conferência de Paz de Paris, dirigidas e controladas por Tavistock, foram concebidas para aleijar a Alemanha numa potência europeia permanente de segunda classe, cujo auto-respeito seria destruído pela despromoção social ao pauperismo ou, na melhor das hipóteses, ao estatuto de proletário.

Não é surpreendente que o povo alemão tenha enlouquecido e dado a Hitler o apoio maciço de que necessitava para transformar o seu movimento nacionalista latente numa força de renovação.

Nunca saberemos se Tavistock cometeu um erro de cálculo ou se, deste modo, preparou o terreno para uma guerra maior e mais sangrenta. Afinal de contas, Meade e Bertrand Russell tinham dito que o que era necessário era um mundo povoado por súbditos 'dóceis'. Russell tinha comentado sobre o carácter "infantil" do negro americano que tinha encontrado nas suas viagens nos Estados Unidos. Russell disse que os preferia aos brancos. Disse também que, para a raça branca sobreviver, teria de aprender a comportar-se como uma criança, como o negro. No entanto, estendendo o seu pensamento, o emissário Tavistock referiu-se aos negros como "comedores inúteis" e declarou que eles deveriam ser eliminados em massa.

Russell também aprecia a docilidade do povo brasileiro, devido, segundo ele, à "reprodução inter-racial com os africanos trazidos como escravos".

Há uma escola de pensamento que um dos principais objectivos dos monstros que planearam as duas guerras mundiais foi o de que elas deveriam ser combatidas em grande parte por jovens homens brancos. É certamente verdade que a Alemanha, o Reino Unido, os Estados Unidos e a Rússia perderam milhões da flor da sua população masculina que foi para sempre retirada do património genético da nação. Na Primeira Guerra Mundial desenhada em Tavistock, as frentes e batalhas de guerra foram organizadas de tal forma que a Rússia perdeu 9 milhões de homens, ou 70% da sua força militar total.

Com excepção da Rússia, a aristocracia sofreu muito menos do que a burguesia com as consequências económicas da guerra e da revolução. Tradicionalmente, grande parte da sua riqueza era terra, que não se depreciava tanto como outros activos corpóreos em caso de inflação.

A desintegração das monarquias (com excepção da Inglaterra) atingiu a velha ordem da sociedade das classes altas, que já não podiam continuar a servir a sociedade nas suas funções de oficiais ou diplomatas - os seus serviços já não eram procurados - sendo as oportunidades para tal serviço muito menores do que antes da guerra.

Alguns membros da aristocracia russa aceitaram corajosamente o estatuto de proletários ou mesmo da classe trabalhadora como motoristas de táxi, porteiros de discotecas e mordomos russos em Paris do pós-guerra; outros entraram em actividade. A maioria, no entanto, caiu numa vida de denigração social. Onde outrora a fronteira estritamente guardada entre as sociedades era intransitável nas antigas capitais monárquicas e no resto da sociedade, surgiram agora grandes lacunas à medida que as linhas se esbateram.

Como o Duque de Windsor disse nas suas memórias, *A King's Story:*

"A força da mudança ainda não tinha penetrado tão profundamente na textura da sociedade britânica a ponto de ter obliterado grande parte da velha elegância. Durante a chamada estação de Londres, o West End foi uma bola quase contínua desde a meia-noite até ao amanhecer. A noite podia sempre ser salva recorrendo a uma ou outra das discotecas gays, que se tinham tornado então tão na moda e quase respeitáveis".

(Nessa altura, a palavra "gay" significava "feliz". Só foi cooptado como eufemismo para a "buggery" em meados dos anos cinquenta). O Duque também não explicou que a "força da mudança" que menciona tinha sido habilmente aplicada pelo Instituto Tavistock.

O declínio da modéstia feminina, que se tornou evidente pouco depois do fim da Primeira Guerra Mundial, apareceu subitamente em todo o lado e com velocidade crescente. Para os desinformados, tratava-se de um fenómeno social. Ninguém podia suspeitar que a Casa Wellington e os seus sinistros engenheiros sociais eram a causa.

Esta emancipação feminina foi acompanhada por uma revolta, especialmente entre os jovens, contra qualquer restrição convencional da mente ou do corpo que estava a morrer no meio dos ídolos quebrados dos impérios caídos. A geração do pós-guerra na Europa revoltou-se contra todos os costumes, pois lutaram desesperadamente para se livrarem dos horrores da guerra que tinham vivido. A clivagem mergulhada, o fumo e a bebida em público tornaram-se uma forma de revolta. A homossexualidade e o lesbianismo tornaram-se evidentes, não por convicção interior, mas como um protesto contra o que tinha acontecido, e como uma rebelião contra tudo o que a guerra tinha destruído.

O excesso radical e revolucionário manifestou-se na arte, na música e na moda. O "jazz" estava no ar e a "arte moderna" era considerada "chique". O elemento compreensível de tudo era "não ter cuidado"[8] ; era inquietante e irreal. Estes foram os anos

---

[8] "Não se preocupe com nada", Ndt.

em que toda a Europa estava em estado de choque. Wellington House e Tavistock tinham feito bem o seu trabalho.

Por baixo da sensação agitada de ser impulsionado para a frente por acontecimentos incontroláveis, existe um entorpecimento espiritual e emocional. O horror da guerra, em que milhões de jovens tinham sido desnecessariamente abatidos, mutilados, feridos e gaseados, estava apenas a começar a ser sentido, pelo que teve de ser "apagado da memória".

As baixas tornaram a guerra demasiado real na sua horrível e cruel fealdade, e as pessoas recuaram em choque e revolução, no desespero provocado pela desilusão da paz. Os europeus, com a sua cultura superior que encarnava a civilização ocidental, ficaram ainda mais chocados do que os americanos.

Perderam a sua fé nos rudimentos de progresso que tinham sustentado os seus pais e avós e feito grandes as suas nações. E isto foi particularmente verdade na Alemanha, Rússia, França e Inglaterra.

As pessoas pensativas não conseguiam compreender porque é que as duas nações mais civilizadas e avançadas do mundo se tinham despedaçado e tirado a vida a milhões dos seus melhores homens jovens. Era como se uma loucura aterradora tivesse tomado a Grã-Bretanha e a Alemanha.

Para quem sabe, não foi a loucura, mas sim a metodologia da Wellington House que dominou a juventude britânica. O receio de que isso pudesse voltar a acontecer quase impediu o surto da Segunda Guerra Mundial.

Oficiais que regressam da carnificina descrevem aos jornais os horrores do combate corpo a corpo que muitas vezes teve lugar na 'Grande Guerra'. Ficaram horrorizados e assustados, horrorizados e desanimados. Nenhum deles compreendeu porque é que tinha havido uma guerra. Os segredos sombrios da Casa de Wellington e dos "Olimpíadas" permaneceram escondidos, tal como permanecem hoje.

Onde outrora a colocação de uma coroa no Cenotaph Whitehall em Londres pelo monarca de Inglaterra trouxe conforto, agora gera amargura, raiva e repugnância. O palco estava preparado para a Segunda Guerra Mundial, na qual Tavistock iria desempenhar um papel enorme e desproporcionado.

Havia alguns pensadores que tinham algo a dizer: Spengler na história, por exemplo, Hemingway, Evelyn Waugh na literatura, e na América Upton Sinclair e Jack London, mas a sua mensagem era igualmente sombria, ainda mais sombria do que o retrato sombrio de Spengler sobre o inevitável declínio da civilização ocidental.

Estas impressões foram confirmadas pela deterioração das relações pessoais após a guerra. O divórcio e a traição da sua esposa eram mais frequentes. O belo conceito da mulher sobre um pedestal, a mulher gentil e feminina com uma voz bela e cadente, a flor da criação de Deus, o mistério, era um ideal em fuga. No seu lugar estava o estridente, o barulhento, o vulgar, com um discurso estridente e gradativo, como o que foi retomado e popularizado por um talk show matinal particularmente popular.

Ninguém poderia saber que este triste declínio era o produto final da guerra de Tavistock contra a feminilidade ocidental.

Na Europa do pós-guerra, Montparnasse em Paris tinha-se tornado um lugar triste. Viena do pós-guerra, esvaziada pela maré de guerra que tinha varrido tantos dos seus filhos, ficou ainda mais triste. Mas Berlim, uma vez tão animada e limpa, tornou-se a Babilónia da Europa e talvez o lugar mais triste de todos.

> "Qualquer pessoa que tenha vivido aqueles meses apocalípticos, aqueles anos, ficou enojada e amargurada, sentiu a chegada de um retrocesso, uma reacção horrível,

escreveu o historiador Zweig.

A falência política, espiritual e social das novas elites do poder, que sucederam aos monarcas, aristocratas e antigas dinastias burguesas, foi em muitos aspectos mais espectacular do que a das suas antecessoras, e em nenhum outro lugar mais do que nos Estados Unidos com o advento da era socialista sob Franklin D.

Roosevelt. Desta vez, porém, o eclipse da liderança não foi localizado para um continente ou limitado a uma classe particular da sociedade.

Como Novo Mundo geográfico, em termos dos problemas que enfrentou, a América de Franklin Roosevelt demonstrou rapidamente que os Estados Unidos eram apenas ligeiramente menos anacrónicos do que a Áustria-Hungria de Franz Joseph tinha sido. Aqui, ele está a criar um socialismo "democrático" da Nova Ordem Mundial, directamente a partir do modelo criado pela Sociedade Fabiana, enquanto os Estados Unidos são uma República Constitucional Confederada, que é exactamente o oposto.

Nem a mudança do centro do poder e prestígio europeu das antigas democracias ocidentais para o Império Central, nem a substituição das classes dirigentes tradicionais das monarquias caídas pelos Estados Unidos, ajudaram a melhorar o clima económico, político, social, moral ou religioso do mundo do pós-guerra. O acidente de Wall Street e a subsequente depressão são testemunhos eloquentes, se silenciosos, da verdade e exactidão da nossa reivindicação.

A forma como este evento foi organizado pelo Instituto Tavistock pode ser vista no calendário de eventos que fornecemos em anexo.

CAPÍTULO 14

A América não é uma "pátria"

Os Estados Unidos da América foram durante muito tempo o terreno mais fértil para a disseminação em larga escala da propaganda, tendo os seus habitantes sido objecto de conluio, mentira, engano, no qual os britânicos sempre lideraram o mundo, sendo o primeiro centro mundial de controlo da mente, lavagem ao cérebro e propaganda o Instituto Tavistock de Relações Humanas. O seu precursor foi a organização criada por Lord Northcliffe, que casou com uma herdeira Rothschild, e que foi habilmente assistida por Lord Rothmere e pelos americanos Walter Lippman e Edward Bernays.

Deste humilde início em 1914 surgiu o Instituto Tavistock de Relações Humanas, que é inigualável na criação de propaganda em grande escala. A Tavistock é uma instituição dedicada a propagar e a dar pancadas para se adaptar a todos os aspectos da vida. Tavistock abordou a propaganda como se fosse uma batalha, e de certa forma foi. Não há meias medidas; é uma guerra em que tudo vai, desde que assegure a vitória.

Olhando para a cena política, não se pode escapar ao facto de que nas últimas duas décadas, o aumento da profundidade e volume da propaganda, e especialmente do controlo da mente, se tornou omnipresente. A correcta aplicação da propaganda a qualquer questão, económica ou política, é uma parte essencial do mecanismo de controlo do governo.

Estaline disse uma vez que se se quisesse uma população dócil, era preciso libertar o medo e o terror sobre eles. Em certo sentido, foi isto que aconteceu nos Estados Unidos e na Grã-Bretanha.

A Segunda Guerra Mundial ofereceu oportunidades ilimitadas para transformar a propaganda numa bela arte. Se olharmos para os esforços da administração Roosevelt para mudar as mentes do povo americano, 87% dos quais se opunham à entrada na guerra na Europa, vemos que Roosevelt não teve sucesso. O povo americano rejeitou ir para a guerra na Europa.

Foi preciso uma situação forjada, um pretexto pré escolhido, o ataque japonês a Pearl Harbor, para tornar a opinião pública a favor da entrada da América na guerra europeia. Roosevelt afirmou que a América estava a lutar pela democracia e pelo seu modo de vida, o que não era de todo o caso; a guerra estava a ser travada para fazer avançar a causa do socialismo internacional para o seu objectivo de uma nova ordem mundial sob um único governo mundial.

Para ser eficaz, a propaganda deve ser dirigida a toda a população e não a indivíduos ou grupos individuais, com o objectivo de atrair a mais ampla atenção possível. Não se destina a ser uma instrução pessoal. Os factos não desempenham qualquer papel na propaganda, que visa sempre criar uma impressão. Deve doutrinar de uma forma unilateral, sistemática e sustentada que o que o governo, os meios de comunicação e os líderes políticos dizem é a verdade. E deve ser apresentado de tal forma que as pessoas sintam que é o seu pensamento.

A propaganda deve portanto ser dirigida a audiências de massa onde a sua mensagem atingirá o seu destino. Considere um exemplo recente do tipo de propaganda que seria geralmente adoptada por um público receptivo. Após o desastre do World Trade Center, o Presidente Bush criou uma nova agência governamental, a que chamou Office of Homeland Security, e nomeou um director para supervisionar a agência.

Isto soa muito reconfortante e reconfortante até que analisemos a Emenda 10 , que reserva todos os poderes que o Sr. Bush se propôs confiscar, aos estados individuais.

O facto de o Sr. Bush não poder revogar a Emenda 10 foi alegremente ignorado. O texto de propaganda diz que pode, e uma vez que se dirigia às massas, elas acreditaram no texto e não na sua Constituição, pelo que houve pouca oposição efectiva a esta flagrante violação da Constituição, especialmente a Emenda 10 . Bush parece ter agido de acordo com a directiva de Estaline:

"Se quer controlar as pessoas, comece por aterrorizá-las".

Aqueles que se opuseram à quase legislação de "segurança interna" foram rotulados de "antipatrióticos" e "apoiantes do terrorismo". Mais uma vez, o facto absoluto de que esta lei falsa não é de todo uma lei e é pura propaganda nunca foi questionada, mas foi passivamente aceite pelo público irreflectido. É assim que se forma a opinião pública, e é esta opinião que leva os legisladores a votar a favor da "segurança interna" ou de qualquer outra legislação falsa, como tanto Bernays como Lippmann afirmaram logo no início da Casa de Wellington. Os legisladores votam segundo as linhas partidárias, como no sistema parlamentar britânico, e não votam com base na Constituição dos EUA. Sabiam que, ao oporem-se ao Presidente, tinham boas hipóteses de perder um emprego confortável nas eleições seguintes, ou arriscarem-se a ser denegridos por um homem de "administração" sorrateiro.

A América não é uma "pátria" mas sim 50 estados separados e distintos. Em qualquer caso, a palavra "pátria" vem directamente do Manifesto Comunista. Uma vez que o objectivo último do governo é estabelecer uma nova ordem mundial, um governo comunista internacional, a escolha desta palavra para denominar legislação comunista não nos deve surpreender.

O poder de controlar a educação, o bem-estar e os poderes policiais pertence aos estados, onde sempre residiu, e não foi retirado aos estados na altura do pacto. Nem o Presidente Bush nem a Câmara e o Senado têm o poder de alterar isso, o que o gabinete recentemente criado se propôs fazer. Foi apenas através do exercício de propaganda sustentada, sistemática e repetida que o povo dos estados aceitou esta flagrante violação da Constituição dos EUA.

A batida do tambor de propaganda continuou com numerosos artigos sobre os antecedentes e experiência do "Director de

Segurança Interna", o seu trabalho, etc., mas não há uma palavra sobre a inconstitucionalidade flagrante do novo departamento. Não lhe escapará que o próprio título: "Segurança Interna" é um pouco inteligente de propaganda. O povo está agora convencido de que não só a nova agência é constitucional, mas que também é necessária. A massa de pessoas foi agora "controlada com sucesso" (lavagem ao cérebro).

Aqueles que desejam estudar o assunto em vez de apenas ver o Evening News da CBS encontrarão algo muito diferente entre a conta de um comentador independente e as contas da imprensa. Como sempre, essa pessoa estará em minoria, pelo que as suas opiniões, mesmo que expressas, não alterarão o propósito e intenção da criação da nova agência. Digo-vos que a Constituição dos EUA e as constituições dos 50 estados separados proíbem os EUA de ter qualquer mecanismo central de supervisão federal imposto aos EUA. O projecto de lei "Segurança Interna" é uma farsa porque destrói a forma republicana de governo concedida aos estados originais na emenda 10 , que não pode ser retirada.

A chamada Lei de Segurança Interna é, portanto, nula e sem efeito e não é de todo uma lei. No entanto, a lavagem ao cérebro e, portanto, as vítimas manipuladas de Tavistock obedecer-lhe-ão como se de uma lei se tratasse.

Em suma, a Agência de Segurança Interna é uma farsa e não pode ser decretada por lei. Nenhuma medida inconstitucional pode ser promulgada e o Congresso tem o dever urgente de revogar imediatamente a "lei" que ilegitimamente deu origem às Leis da Pátria e do Patriotismo. O ponto cardeal a lembrar é que a propaganda e a lavagem ao cérebro em massa devem ser sempre consideradas em relação ao objectivo que se pretende servir. Neste caso, convence a população de que as liberdades devem ser sacrificadas em troca de "protecção". Henry Clay, o maior constitucionalista que já viveu, chamou a este estratagema "uma doutrina da necessidade, uma doutrina do inferno" e condenou categoricamente tais tentativas.

H. V. Pénis ensinados no Tavistock. Ele declarou que os direitos individuais devem ser sacrificados para o bem de todos! Isto inclui a medida que viola a lei mais alta da terra! Deve ser aceite porque é para o bem de todos! Isto explica-se melhor pela propaganda e lavagem ao cérebro que acompanhou os esforços desesperados do Presidente Roosevelt para envolver os Estados Unidos na guerra em curso na Europa, através do Japão.

Quando o ataque previsto a Pearl Harbor ocorreu (Roosevelt sabia o dia e a hora em que teria lugar) anunciou em discursos escritos para ele pelo Instituto Tavistock, que o povo americano iria lutar pela mais alta e mais nobre das causas, pela defesa da nação, pela defesa da liberdade e pela futura segurança e bem-estar da nação. Como é habitual em tais casos, os factos falavam de um conjunto de objectivos muito diferente.

Roosevelt não disse que o povo americano ia para a guerra para lutar pelo avanço do socialismo internacional e pelos objectivos da Nova Ordem Mundial - o estabelecimento do comunismo internacional sob um governo mundial único.

O povo americano foi informado de que a Alemanha pretendia escravizar o mundo. Esta é uma boa resposta, porque mesmo as pessoas menos instruídas sabem que a escravatura é um dos piores destinos que a humanidade pode ser chamada a sofrer. Ao introduzirmos a palavra "escravatura", atingimos um acorde.

Mais uma vez, a propaganda não teve nada a ver com os factos. Pessoas atenciosas, não susceptíveis à propaganda, teriam percebido que uma pequena nação como a Alemanha não poderia escravizar o mundo, mesmo que o quisesse. Os recursos e a mão-de-obra simplesmente não estavam lá. A Alemanha não possuía a vasta frota naval necessária para tornar tal ataque contra os Estados Unidos uma possibilidade real.

Os promotores da guerra compreenderam desde o início que manter o ímpeto exigiria uma explosão sustentada de propaganda. O Vice-Presidente Cheney seguiu o mesmo princípio nas semanas que antecederam o ataque dos EUA ao Iraque; distorceu os factos, divulgou uma série de "discursos de medo" e informações distorcidas dos serviços secretos para se adequarem aos seus propósitos. Ninguém trabalhou mais do que

Cheney para garantir que a guerra com o Iraque não seria evitada no último minuto.

Era importante para Roosevelt chamar a atenção das massas para os 'problemas' e torná-los conhecidos do povo, daí as intermináveis reportagens na imprensa, os 'newsreels' mostrados vezes sem conta nos cinemas e os intermináveis discursos de lavagem ao cérebro dos políticos.

A propaganda deve ser apresentada num meio que seja facilmente compreendido pelo mais baixo nível de inteligência da nação, tais como cartazes de trabalhadores em fábricas de munições, estaleiros navais, fábricas de montagem de aviões, todos a trabalhar na "frente doméstica" para o "esforço de guerra", etc.

No rescaldo da tragédia do WTC, muito deste tipo de propaganda de lavagem ao cérebro em massa foi reavivada: "América em guerra", "a linha da frente", "e lixeiras de munições", "posições das tropas inimigas" apareceram em subtítulos em quase todos os ecrãs de televisão.

O facto de que os EUA não estavam em guerra porque a guerra não tinha sido declarada, e que não havia "tropas" inimigas a não ser grupos de guerrilha frouxamente estruturados, foi obviamente omitido.

Os dicionários definem as tropas como "um corpo de soldados; um exército, geralmente no plural". Os Talibãs não tinham exército, e portanto não tinham tropas. Além disso, a guerra não poderia ser declarada contra o "terrorismo", o "bolchevismo" ou qualquer outro "ismo". De acordo com a Constituição dos EUA, a guerra só pode ser declarada contra nações soberanas.

A guerra só pode ser declarada num país ou numa nação em particular de pessoas que vivem nesse país. Tudo o resto é poppycock Tavistock servido numa travessa decorada com bandeiras onduladas e acompanhada de música marcial. Dizer que os EUA estão em guerra com os Talibãs é o cúmulo do engano. Para estar em guerra, deve haver uma declaração prévia de guerra. Sem uma declaração de guerra, é um engano, na realidade não há guerra nenhuma. Foi acrescentada uma nova dimensão. Ao Presidente Bush, a quem foi negado o poder de fazer a guerra e legislar ao abrigo da Constituição dos EUA, foram subitamente dados poderes que não existiam na Constituição dos EUA.

Começou a ser chamado "o Comandante-em-Chefe", embora não tivesse direito a este título temporário, que só pode ser conferido pelo Congresso após uma declaração de guerra completa. Isto nunca aconteceu.

Ele foi misticamente 'declarado' a ter o poder de rotular qualquer pessoa da sua escolha como 'combatente inimigo'. O facto de tal poder não existir na Constituição dos EUA, nem está expressamente implícito, não incomodou o Sr. Bush por um momento: No que lhe dizia respeito, a partir desse momento, ele era a lei.

Assim, a apreensão ilegal e inconstitucional de poderes por um Presidente em exercício dos EUA, que começou com Woodrow Wilson "tomando" dez poderes adicionais aos quais ele não tinha qualquer direito, estendeu-se a Roosevelt "tomando" trinta poderes e Bush apreendendo trinta e cinco (e contando) poderes negados pela Constituição dos EUA.

De facto, os Estados Unidos tornaram-se uma nação sem lei sob a orientação especializada do Instituto Tavistock, cuja lavagem ao cérebro do público americano através de "condicionamento doméstico e penetração a longo prazo" tornou tudo isto possível.

De passagem, permitam-me acrescentar que a propaganda britânica usou a mesma linguagem de mentiras contra os Boers na África do Sul, durante a guerra lançada pelos britânicos para assumir o controlo das enormes jazidas de ouro naquele país. A imprensa britânica estava cheia de histórias sobre o "exército bôer", enquanto que os bôeres não tinham exército, apenas uma força guerrilheira de agricultores e cidadãos.

Tal como Kaiser Wilhelm II em 1913/1914, Paul Kruger, o patriarca temente a Deus da República Transvaal, foi demonizado na imprensa britânica como um tirano vicioso que reprimiu brutalmente a população negra, o que nada teve a ver com a verdade.

Eventualmente, foi desenvolvida uma fórmula através de uma série de testes e erros na Primeira e Segunda Guerra Mundial, que foi adoptada e adaptada para utilização no ataque dos EUA ao Afeganistão. Foi o suficiente para captar a atenção da maioria da população americana, uma vez que foi adaptada ao seu nível psicológico. As lições aprendidas na arte da propaganda durante as duas guerras mundiais foram simplesmente transferidas do teatro europeu para a corrente dominante americana, e mais tarde para o Iraque, Sérvia e Afeganistão.

A lavagem cerebral foi limitada ao essencial, encarnada em slogans simplistas, frases de ordem usando fórmulas estereotipadas desenvolvidas pela primeira vez por Lord Northcliffe na Wellington House em Londres, em 1912. O povo britânico tinha de ser ensinado que o povo alemão era 'o inimigo'. Tudo de mau e cruel foi imputado aos Alemães, de modo que a massa do povo britânico começou a acreditar que os Alemães eram de facto bárbaros cruéis que não parariam por nada. Cartazes representando "carniceiros boches" matando mulheres e crianças belgas estavam por toda a parte.

CAPÍTULO 15

O papel dos meios de comunicação social na propaganda

Como os meios de comunicação social desempenharam um papel enorme na propaganda, talvez valha a pena ver onde começou e como chegou a ser que os meios de comunicação social nos Estados Unidos, quase inteiramente, são agora um órgão de propaganda totalmente controlado. O período que antecedeu a Primeira Guerra Mundial foi uma série clássica de eventos em que figuras públicas foram manipuladas, sendo os piores infractores os jornais britânicos e americanos. Como em todas as guerras, é preciso demonizar alguém para envolver o público. Em 1913, foi Kaiser Wilhelm II da Alemanha que foi demonizado antes, durante e depois dessa terrível guerra.

Um dos principais criadores de propaganda deste período foi Lord Northcliffe, o notório barão da imprensa, um parente dos Rothschilds e um inimigo da Alemanha. Northcliffe dirigia a Wellington House como um importante centro de propaganda anti-alemã e tinha um ódio particular por Guilherme II, primo da Rainha Vitória da famosa dinastia Black Guelph de Veneza.

Northcliffe intimidou William II em todas as oportunidades, especialmente quando o Kaiser falou do poder militar alemão e das suas proezas. William era propenso à ostentação infantil e a maioria dos governos europeus conhecia-o como um homem que gostava de "brincar aos soldados", e de se vestir com uniformes excentricamente decorados. William não era de todo um homem militar. Como Rothschild, este irritado Northcliffe que começou a "avisar" que o "lugar da Alemanha ao sol", como o Kaiser gostava de lhe chamar, era um perigo para o resto da Europa. O facto de esta afirmação ser sem qualquer fundamento não parece incomodar Northcliffe, que a maximiza ao ponto da credibilidade.

A verdade é que a Alemanha não era uma ameaça na altura, nem o Kaiser era um guerreiro poderoso pronto a atacar, mas sim um homem propenso a rupturas nervosas, três delas em cinco anos, e um braço murcho quase inútil, que não dava a imagem de um homem marcial. O mais próximo que chegou de um homem marcial foi o seu amor por fardas extravagantes. Na verdade, Guilherme II tinha pouco ou nenhum controlo sobre o exército alemão, um facto de que Northcliffe estava bem ciente e, no entanto, optou por ignorar.

Nisto, o Kaiser estava em pé de igualdade com o monarca britânico, Rei Jorge V, que não tinha qualquer controlo sobre a força expedicionária britânica. Isto não impediu Northcliffe de lançar um ataque feroz contra o primo alemão da Rainha Vitória, acusando-o de ser responsável por toda uma lista de atrocidades alegadamente cometidas pelo exército alemão que atravessou a Bélgica. É claro que o alto comando alemão cometeu um erro ao invadir a Bélgica neutra, mas estava apenas em trânsito e não tencionava ocupar o país.

Tudo isto fazia parte de um plano táctico para marchar sobre Paris, tomando um 'atalho' através da Bélgica para flanquear o exército francês. Não haveria nada a ganhar com a morte deliberada de civis, um facto realçado pelo Alto Comando alemão. Northcliffe descreveu o Kaiser como um "megalómano" com uma "fome de domínio mundial" que estava, em qualquer caso, muito para além das capacidades da omnipotência europeia. Em 1940, Churchill acusou Hitler de ter o mesmo desejo de "dominação mundial", embora ele soubesse que isso não era verdade. Churchill também disse que Hitler era "um louco", sabendo que a sua caracterização do chanceler era falsa.

Mas para não ser dissuadido, Northcliffe certificou-se de que os seus meios de comunicação social se referiam constantemente a Guilherme II como "o cão louco da Europa".

Wellington House contratou os serviços de um cartoonista que retratava regularmente William II como um cão louco e ganancioso, uma criatura símia. Estas caricaturas de má qualidade foram transpostas para a forma de livros e a imprensa rapidamente lhes conferiu o estatuto de absoluto absurdo. Os desenhos animados eram de mau gosto e ainda mais mal executados. O livro era o que os ingleses chamavam "a penny horrible" (um centavo horrível).

Mostrando o poder da imprensa, Northcliffe conseguiu que os meios de comunicação social revissem o livro com resenhas de rave. Lord Asquith, o Primeiro Ministro, foi persuadido a escrever um prefácio para o que era essencialmente uma farsa absoluta. O Presidente Wilson convidou o 'artista', um holandês chamado Raemakers, para a Casa Branca durante uma tournée de livros nos Estados Unidos. Como esperado, Wilson elogiou o cartoonista e deu a sua bênção ao livro.

Até a lendária revista *Punch* se juntou à campanha para retratar William na pior luz possível. Parece que nenhum jornal escapou à obrigação de imprimir a torrente de calúnias que jorrava da Casa de Wellington. Era propaganda na sua forma mais brutal.

Pouco tempo depois, o efeito foi-se fazendo sentir no povo, que começou a insistir que o Kaiser fosse "enforcado" e um ministro chegou ao ponto de dizer que perdoaria a Alemanha na condição de todos os alemães serem fuzilados. Hollywood logo se juntou ao acto de condenar o Kaiser, do qual nada sabia. Primeiro, o filme "My Four Years in Germany", adaptado de um livro escrito pelo embaixador americano em Berlim, James W. Gerard. O filme é apresentado como um relato factual da preparação do Kaiser para a guerra. Wilhelm recebe o QI de um paranóico de seis anos e é retratado como um homem montado num cavalo de tracção. As descrições mordazes da sua deficiência são repetidas centenas de vezes.

O pior foi vir com a versão de Hollywood da história chamada *A Besta de Berlim*, que retratava o Kaiser a gabar-se dos civis belgas abatidos e a cacarejar com risos sobre navios torpedeados. Nada disto era verdade, mas esta versão alcançou o seu objectivo, gerando um ódio feroz aos alemães e a todas as coisas alemãs que se espalharam pelos Estados Unidos com uma velocidade espantosa.

Esta é a base da pior propaganda jamais vista e é levada a cabo incansavelmente pelo governo britânico, não só em casa, mas também onde é mais importante, nos Estados Unidos. A Wellington House contava com os Estados Unidos para derrotar a Alemanha no campo de batalha.

No final dos anos 90, era apenas uma questão de tempo até que a massa do povo americano acreditasse o mesmo sobre os Taliban e o Presidente Hussein do Iraque, com os quais os Taliban não tinham qualquer ligação. (De facto, odiavam-se uns aos outros).

A questão fundamental: "Foram os Taliban no seu conjunto, e o povo afegão separadamente dos Taliban, responsáveis pelo atentado a bomba desprezível do WTC? "Será que os Taliban existem realmente? Ou Osama bin Laden é apenas mais um Kaiser Wilhelm II? Talvez dentro de cinquenta anos possamos descobrir a verdade. Entretanto, o Instituto Tavistock jogou a carta da propaganda até ao pescoço, e mais uma vez, conseguiu.

Após o fim da guerra, o mito de Kaiser Wilhelm II persistiu. De facto, a mesma máquina de propaganda que o tinha demonizado antes e durante a guerra não cedeu até 13 de Julho de 1959, data do 100º aniversário do Kaiser Wilhelm II, celebrado pela BBC, sob a forma de um documentário sobre o muito maligno antigo líder alemão.

Ele explica como os britânicos foram aterrorizados por contos de sangue do Kaiser cortando os braços das crianças belgas com a sua espada, enquanto colunas de soldados alemães violavam mulheres nas aldeias belgas por onde passavam, nenhuma das quais tinha a mais pequena semelhança com a verdade.

Mesmo os membros inteligentes do Parlamento britânico foram apanhados pela tempestade implacável de ódio levantada por Northcliffe e a sua equipa, que incluía os americanos Lippmann e Bernays. No entanto, por muito bom que seja, o documentário da BBC não fez qualquer esforço para explicar como o mito de um monstruoso Kaiser Wilhelm poderia aparecer de repente do nada, para fazer manchetes?

Do mesmo modo, ninguém me explicou com satisfação como Osama Bin Laden apareceu subitamente em cena, e como se tornou o vilão tipo Kaiser num período de tempo surpreendentemente curto. Como é que isto aconteceu?

É um facto histórico que o Presidente Wilson apressou o projecto de lei para estabelecer os Bancos da Reserva Federal através da Câmara dos Representantes mesmo a tempo da eclosão da Primeira Guerra Mundial. Sem dólares em papel, impressos à vontade, é duvidoso que a guerra tivesse acontecido.

Como poderia o Kaiser ganhar vida de repente com o personagem de banda desenhada a olhar de milhares de jornais, revistas e outdoors? Sabemos agora que ele era o produto da vasta máquina de propaganda do Gabinete de Guerra Britânico, que permaneceu em segredo como é hoje. Permanece tão secreto hoje como era em 1913, mesmo que alguns de nós tenham conseguido arrancar alguma da sua mortalha.

A nossa investigação revelou que o Instituto Tavistock é o local de nascimento de algumas das mentiras mais grotescas alguma vez fabricadas e apresentadas como verdades ao público em geral estupefacto e ignorante, vítimas destes controladores mentais particularmente inteligentes.

CAPÍTULO 16

A propaganda científica pode enganar os eleitores

A grande maioria das pessoas no mundo de hoje ouviram certamente falar da "Besta de Berlim" e de como os "Aliados" pararam o seu desencadeamento na Europa. Nos últimos tempos, a maioria das pessoas também tem ouvido falar da "Besta de Bagdad".

Mas quantos já ouviram falar do nome de Sir Harold Nicholson, um distinto estudioso cujo exame minucioso de centenas de milhares de documentos entre 1912 e 1925 exonerou absolutamente Kaiser Wilhelm II do início da Primeira Guerra Mundial?

Quantas pessoas sabem disto? Coloque-os à prova. Experimente o seu talk show local, e veja o que acontece. Assim, durante mais de vinte e cinco anos, o mito do Kaiser dominou as manchetes e teve o efeito de virar milhões de pessoas na Grã-Bretanha e na América contra a Alemanha, a consequência injusta e infeliz da vasta máquina de propaganda que tem mantido o povo britânico pela garganta desde a sua abertura em 1913. Estamos a falar da Wellington House e do seu sucessor, o Instituto Tavistock para as Relações Humanas.

O surpreendente sobre este mito é a sua longevidade. Mas o objectivo da propaganda é precisamente perpetuar um mito, uma mentira ou um pedaço de desinformação que perdura muito depois de a verdade ter sido esquecida. O Japão será para sempre culpado por Pearl Harbor e pela "Violação de Nanking", enquanto Churchill será para sempre aclamado como um grande homem e não como um brutal belicista.

Do mesmo modo, Colin Powell visitou recentemente o Iraque e fez uma declaração de destaque sobre Hussein ter "gaseado os curdos" durante a guerra Iraque-Irão.

A verdade é que os mísseis cheios de gás que caíram sobre a aldeia curda eram Phosgene, um tipo de produto que o Iraque não possui, mas que estava no arsenal do Irão. O que aconteceu foi que durante uma ofensiva iraquiana, os iranianos dispararam um grande número de foguetes cheios de gás contra posições iraquianas, mas alguns caíram sobre os curdos ao longo da fronteira. Isto foi confirmado pelo relatório do US Military War College, que exonerou totalmente o Iraque.

No entanto, embora a acusação tenha sido cuidadosamente refutada, em 2005, quase 30 anos depois, numa digressão de boa vontade pela Malásia, Karen Hughes, representando o Presidente George Bush, repetiu a mentira, embelezando-a ao afirmar que "30.000 Curdos" tinham sido gaseados até à morte por "Saddam Hussein". Um membro do público contestou a sua declaração, e no dia seguinte Hughes foi obrigado a retractar-se, alegando que tinha "falado mal". Uma investigação ao incidente revelou que Hughes acreditava realmente nas mentiras que tinha ouvido repetidas vezes pelo Presidente Bush, Primeiro-Ministro Blair, Secretário de Estado Colin Powell e Secretário de Defesa Donald Rumsfeld, o que nos deve dizer muito sobre o poder da propaganda.

O relatório da Escola Superior de Guerra foi posteriormente confirmado pelos militares americanos e por uma segunda fonte americana. Será que o mundo sabe? Duvidamos disso. A verdade é esquecida enquanto a mentira continua. Assim, a propaganda de Colin Powell contra o Iraque seguirá o caminho da propaganda contra Kaiser Wilhelm II, uma e outra vez durante mais de 100 anos, enquanto a verdade morreu no momento em que a primeira explosão de propaganda apareceu nos jornais. Nisso reside o valor da propaganda. Os cientistas sociais da Tavistock sabem disso e hoje em dia podem fazer o perfil de qualquer audiência para aceitar as mentiras mais adequadas à sua percepção sem compreender as questões por detrás delas.

Desta forma, foi criada uma posição "moralmente correcta" e um forte apoio ao ataque ao Afeganistão. Poucos do povo americano levantaram dúvidas sobre se o que o seu governo estava a fazer no Afeganistão estava de acordo com a Constituição dos EUA. Não houve referendo ou mandato para confirmar ou negar a aceitação do povo da política da administração Bush em relação ao Afeganistão.

Propaganda e lavagem ao cérebro não requerem um mandado. O facto de nenhum dos alegados sequestradores dos aviões utilizados contra as Torres Gémeas ser do Afeganistão escapou completamente ao público americano, 74% dos quais ainda acreditam que a "Al Qaeda" o fez e que eles vivem no Afeganistão! A mesma percentagem de americanos sofreu uma lavagem ao cérebro para acreditar que os Talibãs e o Presidente Hussein trabalharam em conjunto para provocar esta tragédia! O povo americano não sabe que Saddam Hussein não teria nada a ver com a liderança talibã.

Porque é que o povo americano se permite ser tratado desta maneira? Porque é que permitem aos políticos mentir, enganar, conspirar, dissimular, prevaricar, ofuscar e enganá-los continuamente? O que devemos marcar bem é a forma como Woodrow Wilson tratou o povo americano, como ovelhas.

Quando lhe perguntaram porque tinha um pequeno rebanho de ovelhas a pastar nos relvados da Casa Branca, Wilson respondeu: "Eles fazem-me lembrar o povo americano". Wilson tinha uma ambição ardente de apressar a América para a Primeira Guerra Mundial e usou as mentiras (propaganda) da Casa de Wellington contra os dissidentes (o grosso do povo) para os persuadir a mudar as suas opiniões.

Roosevelt repetiu este estratagema para levar os Estados Unidos à Segunda Guerra Mundial através de mentiras e propaganda (na sua maioria a mesma coisa) que culminou no "sucesso" de Pearl Harbor. Vimos a mesma linha utilizada pelo Presidente Clinton. Antes e durante a guerra injusta contra a Sérvia, toda a persuasão

de Clinton consistia em mentiras e desinformação.
Não é surpreendente que as declarações de Rumsfeld sejam sempre recebidas com desconfiança. Perguntado sobre o papel desempenhado pela propaganda, Rumsfeld respondeu, sem rodeios: "Os funcionários do governo, o Departamento de Defesa, este Secretário da Defesa e as pessoas que trabalham comigo estão a dizer a verdade ao povo americano".

CAPÍTULO 17

Propaganda e guerra psicológica

Uma lista de documentos do governo dos EUA, alguns livremente disponíveis e outros não, revela vividamente como as nações do mundo (incluindo os EUA) se tornaram controladas através do exercício de uma vasta gama de métodos de propaganda que operam a vários níveis.

Na melhor das hipóteses, só posso mencionar as manchetes e parafrasear o conteúdo devido à vastidão do material. Espero que a informação que reunimos desperte o povo americano da sua apatia e o faça compreender quão perto estão de se tornarem escravos da Nova Ordem Mundial Socialista num Governo Mundial Único.

Definições oficiais: Uma colecção útil de termos e definições utilizados pelo poder estabelecido em Washington. Todos os programas aqui listados, sem excepção, nasceram e foram concebidos pelo Tavistock.

Ciência social e intervenção política: O que passa por "ajuda ao desenvolvimento" baseada em projectos pode de facto ser uma manipulação perigosa da cultura e das relações sociais no Sul.

Devido à enorme vantagem monetária de que gozam os doadores de "ajuda", são muitas vezes capazes de realizar estudos psicossociais aprofundados dos grupos-alvo e explorá-los de formas que não ocorreriam à maioria das pessoas, mesmo nos seus piores pesadelos.

Este é um exemplo típico de tudo o que John Rawlings Reese ensinou na Tavistock, que foi transposto para todos os aspectos da vida americana.

Choque e Pavor: Alcançar o domínio rápido - Este é o texto da Universidade Nacional de Defesa de 1996 que se tornou a teoria por detrás da intervenção dos EUA no Médio Oriente e da guerra contra o Iraque em Março e Abril de 2003. Segundo o texto, "Choque e Pavor" pretende ser o "equivalente não-nuclear" dos bombardeamentos de Hiroshima e Nagasaki em 1945.

De acordo com o guia de estudo desta terrível tragédia, agora definitivamente registado,

> "O impacto destas armas foi suficiente para transformar tanto a mentalidade do cidadão médio japonês como a visão dos líderes num estado de choque e medo. Os japoneses simplesmente não conseguiam compreender o poder destrutivo de um único avião. Esta falta de compreensão criou um estado de medo duradouro".

Para além da utilização do poder de fogo maciço para fins psicológicos, a publicação inclui também uma discussão aprofundada das operações de propaganda.

> "O principal mecanismo para alcançar esta dominação é impor ao adversário condições suficientes de 'choque e pavor' para o convencer ou coagir a aceitar as nossas metas estratégicas e objectivos militares", afirmam os autores. "Claramente, isto requer o uso de engano, confusão, desinformação e desinformação, talvez em quantidades maciças".

Guerra psicológica em combate: Este é o texto completo da infame doutrina "Choque e Pavor", publicada em 1996 pela Universidade Nacional de Defesa em Washington. O conceito é assumir o controlo total da vontade de um adversário e das percepções e compreensão das populações alvo, tornando literalmente o inimigo impotente para agir ou reagir.

Vale a pena notar que todas estas palavras e descrições se encontram nos livros didácticos utilizados para condicionar os estudantes que frequentam os cursos de John Rawlings Reese no Gabinete de Guerra Psicológica do Exército Britânico, onde Rawlings foi um teórico mestre.

A doutrina "Choque & Pavor" é descrita como uma estratégia para destruir sistematicamente as capacidades militares através do desgaste, quando apropriado, e usar força esmagadora para paralisar, chocar e, em última análise, destruir moralmente o adversário.

A Conferência Internacional sobre População e Desenvolvimento (ICPD): Um programa de acção apresentado na conferência apelou a um esforço maciço de propaganda, utilizando meios de comunicação de massas, organizações não governamentais, entretenimento comercial e instituições académicas para "persuadir" as pessoas nos países em desenvolvimento a mudar as suas preferências de fertilidade.

Uma revisão do texto original, acrescentada para ter em conta os representantes dos países em desenvolvimento, insta a que as actividades de comunicação dos doadores "com o objectivo de aumentar a sensibilização ou promover estilos de vida particulares" sejam rotuladas de modo a que o público esteja consciente do seu objectivo e que "a identidade dos patrocinadores seja devidamente indicada".

Apesar desta recomendação, que não impõe restrições obrigatórias aos doadores de ajuda, a secção "comunicação" do documento continua a ser uma parte muito perigosa e politicamente explosiva da agenda da Nova Ordem Mundial.

O Projecto de Comunicação da População: A Agência Americana para o Desenvolvimento Internacional (USAID) derramou dezenas de milhões de dólares numa campanha de influência dos "meios de comunicação de massas" que utiliza tácticas emprestadas por agentes militares de guerra psicológica. A USAID é apenas uma das centenas de agências governamentais dos EUA que contrataram com a Tavistock para escrever os seus programas.

De facto, o empreiteiro que trabalhava como agente da USAID neste caso estava também sob contrato com os militares americanos para preparar manuais de ensino para operações psicológicas.

Enter-Educate: A utilização do entretenimento como propaganda: É provável que o público jovem seja mais vulnerável às mensagens apresentadas no contexto do 'entretenimento' do que a outras comunicações que possam tender a levantar questões sobre a legitimidade de ideias estrangeiras.

Assim, a abordagem entretenimento-propaganda tornou-se uma enorme parte do esforço internacional de controlo populacional da USAID. Mais uma vez, milhões de dólares foram para a Tavistock para programas ensinados por operadores do Enter-Educate.

Quando a propaganda se atrasa: Um estudo das atitudes e comportamentos de planeamento familiar no norte da Nigéria em 1994. De acordo com um relatório publicado, a reacção negativa ilustrada

> "oposição a impropriedades estrangeiras, ao planeamento familiar em geral e a programas de planeamento familiar patrocinados pelos EUA em particular".

Programa Bilateral da População da Nigéria: (documento do Departamento de Estado dos EUA). O principal documento de planeamento da estratégia de controlo populacional do governo dos EUA para a Nigéria.

É também utilizado como um importante elemento de propaganda na guerra psicológica utilizada nos programas governamentais dos EUA para minar os movimentos políticos latino-americanos, o esforço anti-guerra, o movimento e a organização política de base. O contrato para a redacção deste programa foi adjudicado à Tavistock.

Guerra pós-moderna: Um menu de recursos sobre guerra política/psicológica, actividades encobertas e genocídio.

Desconcentração urbana e outras tácticas: O conteúdo deste documento é tão diabólico que não me proponho publicá-lo, pelo menos por enquanto.

Influência Social: Propaganda e Persuasão: - Alguma informação de base útil.

Operações Psicológicas na Guerra de Guerrilha: O Manual Táctico da CIA para as Forças Paramilitares na América Central, preparado pela Tavistock. A CIA tem um contrato com a Tavistock e trabalha em estreita colaboração com ele.

Instituto de Análise de Propaganda: Uma colecção de documentos contendo factos básicos sobre campanhas de influência encoberta. Mais uma vez, o instituto é apenas uma câmara de compensação para dados Tavistock e métodos de lavagem ao cérebro a serem utilizados nas massas.

Serviços de Informações dos EUA: Descrições oficiais e funções dos gabinetes do governo dos EUA envolvidos na recolha ou análise de informações.

Instruções secretas do governo: Uma colecção de documentos que defende a abertura do governo aos actores do sector privado.

Imprensa Colectiva: Uma fonte de material de investigação fiável sobre instituições internacionais e o seu papel como frente para as nações ricas e poderosas que controlam as suas políticas. Os cientistas sociais de Tavistock têm ensinado muitos dos líderes destas instituições.

Propaganda, a disseminação de ideias e informação com o objectivo de induzir ou intensificar atitudes e acções específicas: Como a propaganda é frequentemente acompanhada de distorções de factos e apela à emoção e ao preconceito, pensa-se muitas vezes que é invariavelmente falsa ou enganosa. Como indicam os manuais Tavistock, a principal distinção reside nas intenções do propagandista de persuadir uma audiência a adoptar a atitude ou acção que defende. Wilson e Roosevelt são exemplos deste truísmo, ambos treinados na arte da diplomacia por engano, tal como definido por Boukanine em 1814.

CAPÍTULO 18

Wilson traz os EUA para a Primeira Guerra Mundial através da propaganda

As técnicas de propaganda de massas modernas que se tornaram uma característica familiar dos governos americano e britânico em particular, começaram com a Primeira Guerra Mundial (1914-1918). Desde o início da guerra, os propagandistas alemães e britânicos trabalharam arduamente para conquistar a simpatia e o apoio americano. Os propagandistas alemães apelaram aos muitos americanos de ascendência alemã, e aos de ascendência irlandesa, tradicionalmente hostis à Grã-Bretanha que vivem na América. A propaganda é bastante grosseira pelos padrões actuais, mas a sua falta de delicadeza é compensada pelo enorme volume de produção da Wellington House.

Em breve, porém, a Alemanha foi praticamente cortada do acesso directo aos EUA. Posteriormente, a propaganda britânica teve pouca concorrência nos Estados Unidos, e foi conduzida com mais habilidade do que a dos alemães, que não tinham equivalente à Wellington House, Bernays ou Lippmann.

Uma vez empenhado na guerra, Woodrow Wilson organizou o Comité de Informação Pública, uma agência de propaganda oficial, para mobilizar a opinião pública americana. Esta comissão foi muito bem sucedida, especialmente na venda de Liberty Bonds. E não é de admirar. O seu programa foi escrito para a Casa Branca pela Tavistock e foi em grande parte dirigido a partir de Londres.

A exploração pelos Aliados dos catorze pontos do Presidente Woodrow Wilson, que pareciam prometer uma paz justa tanto para os vencedores como para os vencidos, fez muito para cristalizar a oposição das Potências Centrais à continuação da guerra.

Noutras partes deste livro, detalhamos as mentiras e distorções da Comissão Bryce, que continua a ser um dos exemplos mais perturbadores de uma mentira descarada disfarçada de verdade. O papel desempenhado pelos americanos na Wellington House, o principal centro de propaganda do mundo na altura, é também explicado mais tarde no jornal.

Os aspectos de propaganda da Segunda Guerra Mundial foram semelhantes aos da Primeira Guerra Mundial, excepto que a Segunda Guerra Mundial, também iniciada pela Grã-Bretanha e financiada pelos banqueiros internacionais, foi em maior escala. A rádio desempenhou um papel importante, sendo os 'programas noticiosos' sempre uma mistura de factos e ficção. As actividades de propaganda no estrangeiro foram ainda mais intensas. O Instituto Tavistock pôde aplicar todas as valiosas lições que tinha aprendido em 1914-1919, e utilizou a sua experiência de muitas maneiras novas, tanto nos antigos como nos novos países.

A Alemanha e o Reino Unido procuraram novamente influenciar a opinião americana. Os propagandistas alemães jogaram com sentimentos antibritânicos, apresentaram a guerra como uma luta contra o comunismo e retrataram a Alemanha como a campeã invencível de uma nova onda de anti-comunismo. Os agentes alemães também apoiaram movimentos nos Estados Unidos que apoiavam o "isolacionismo", um rótulo descritivo anexado a todos os americanos que se opunham à guerra com a Alemanha.

Os esforços de propaganda alemã não foram compatíveis com a perícia da Wellington House e Tavistock ou com os recursos da Grã-Bretanha (secretamente ajudados por enormes somas de dinheiro da administração Roosevelt) e, mais uma vez, revelaram-se ineficazes.

O ataque cuidadosamente planeado a Pearl Harbor foi conhecido por Roosevelt, Stimson e Knox meses antes do ataque propriamente dito.

Esta proeza de Dezembro de 1941 foi um trunfo para Roosevelt que tentava desesperadamente forçar os Estados Unidos a entrar na guerra do lado britânico, pois assim que os japoneses atacaram Pearl Harbor; o povo americano foi persuadido pela propaganda e pelas mentiras directas de que a Alemanha era o agressor.

Os terríveis avisos de Lindbergh, o famoso aviador, e de vários outros senadores anti-guerra de que Roosevelt não era de confiança e que, como na Primeira Guerra Mundial, os Estados Unidos não tinham nada que interferir na guerra na Alemanha, foram asfixiados pela propaganda. Além disso, a "situação artificial" em Pearl Harbor mudou a opinião pública, como Roosevelt sabia que faria. Os esforços de propaganda aliados provenientes de Tavistock visavam separar os povos das nações do Eixo dos seus governos, que foram considerados os únicos responsáveis pela guerra. As emissões de rádio e inúmeros panfletos aéreos levavam propaganda aliada ao inimigo.

As agências de propaganda oficiais dos Estados Unidos durante a Segunda Guerra Mundial foram o Office of War Information (OWI), responsável pela divulgação da "informação" de Tavistock no país e no estrangeiro, e o Office of Strategic Service (OSS), o precursor da CIA e da criação de Tavistock, responsável pelo desencadeamento da guerra psicológica contra o inimigo.

Na Sede Suprema do teatro de operações europeu, a OWI e a OSS foram coordenadas com actividades militares pela Divisão de Guerra Psicológica, liderada por cientistas sociais do Instituto Tavistock.

Na era da Guerra Fria - um acentuado conflito de interesses entre os Estados Unidos e a União Soviética após a Segunda Guerra Mundial - a propaganda continuou a ser um instrumento importante da política nacional.

Tanto os blocos democrático como comunista de Estados tentaram, através de campanhas sustentadas, conquistar as grandes massas de pessoas não comprometidas com a sua causa e assim alcançar os seus objectivos sem recorrer ao conflito armado. Todos os aspectos da vida e da política nacional foram explorados para fins de propaganda.

A Guerra Fria foi também marcada pela utilização de desertores, julgamentos e confissões para fins de propaganda. Nesta guerra de informação, as nações comunistas pareciam inicialmente ter uma clara vantagem. Uma vez que os seus governos controlavam todos os meios de comunicação social, poderiam isolar largamente as suas populações da propaganda ocidental.

Ao mesmo tempo, governos altamente centralizados poderiam planear elaboradas campanhas de propaganda e mobilizar recursos para levar a cabo os seus planos. Também poderiam contar com a ajuda de partidos comunistas e simpatizantes de outros países. Os Estados democráticos, por outro lado, não poderiam impedir as suas populações de serem expostas à propaganda comunista nem mobilizar todos os seus recursos para a contrariar. Esta aparente vantagem dos governos comunistas foi erodida nos anos 80 com o desenvolvimento das tecnologias de comunicação. A incapacidade de controlar a disseminação da informação foi um factor importante na desintegração de muitos regimes comunistas na Europa Oriental até ao final da década. A Agência de Informação dos Estados Unidos (USIA), criada em 1953 para realizar propaganda e actividades culturais no estrangeiro, operava a "Voice of America", uma rede de rádio que difundia notícias e informações sobre os Estados Unidos em mais de 40 línguas para todas as regiões do mundo.

CAPÍTULO 19

A história está a repetir-se?
O caso de Lord Bryce

Enquanto os historiadores estão fortemente envolvidos na defesa ou condenação da guerra no Iraque, talvez seja altura de reflectir sobre o Visconde James Bryce, o historiador altamente respeitado que se esgotou e ficou na história como um mentiroso confirmado, vil e impiedoso. Antes do seu infeliz envolvimento com Wellington House, Bryce gozava de grande respeito como historiador honesto.

Desde o início da Primeira Guerra Mundial, as histórias de atrocidades alemãs encheram os jornais britânicos e americanos. A grande maioria destas foram preparadas na Wellington House e divulgadas pelos meios de comunicação social. A maior parte do tempo deviam vir dos relatos de "testemunhas oculares", "repórteres e fotógrafos", que tinham acompanhado a marcha do exército alemão através da Bélgica para contornar as defesas francesas no seu caminho para Paris.

Testemunhas oculares descreveram os bebés belgas de baioneta de infantaria alemã enquanto andavam a cantar canções de guerra. Há muitas histórias de rapazes e raparigas belgas com as mãos amputadas (supostamente para os impedir de usar armas de fogo). Histórias de mulheres com os seios amputados cresceram ainda mais depressa.

Histórias de violação encabeçam os gráficos de atrocidades. Uma testemunha afirma que os alemães levaram vinte jovens mulheres para fora das suas casas numa cidade belga capturada e colocaram-nas em mesas na praça da aldeia, onde cada uma foi violada por pelo menos doze 'hunos', enquanto o resto da divisão assistiu e aplaudiu. A expensas britânicas, um grupo de belgas percorreu os Estados Unidos para contar estas histórias.

O Presidente Woodrow Wilson recebeu-os solenemente na Casa Branca. A sua história horrorizou a América. Ninguém pensou em verificar o seu relato sobre a violação a que tinham assistido. Os seus relatos sobre a brutalidade que tinham sofrido nunca foram questionados.

Os Alemães negaram estas histórias com raiva. Os repórteres americanos do exército alemão também o fizeram. Em 1914, Wilson ainda não tinha "gerido" os repórteres do campo de batalha, ao contrário de George Bush na invasão do Iraque em 2002. Não havia repórteres 'incorporados' no exército britânico. Tavistock ainda não tinha aprendido a censurar a verdade através da 'incorporação' de jornalistas seleccionados nas tropas.

Quando os despachos de jornalistas britânicos começaram a aparecer em Inglaterra questionando as "atrocidades", Northcliffe teve a ideia de nomear Lord Bryce para chefiar uma comissão de inquérito para examinar as histórias das atrocidades alemãs e relatar-lhe as mesmas. Na verdade, a sugestão veio de Edward Bernays e foi aprovada por Walter Lippmann.

Então, no início de 1915, o governo britânico oficializou-o, pedindo ao Visconde Bryce que dirigisse uma Comissão Real para investigar os relatos de atrocidades. Bryce foi um dos historiadores mais conhecidos da época, tendo escrito livros altamente conceituados sobre o governo americano e a história irlandesa, descrevendo simpaticamente o duro destino do povo irlandês sob o domínio britânico. Em 1907 tinha colaborado com um diplomata anglo-irlandês, Roger Casement, para expor a horrível exploração dos povos indígenas da Amazónia por uma empresa britânica de borracha.

De 1907 a 1913 tinha sido embaixador britânico em Washington, onde se tornou uma figura popular, até mesmo adorada.

Teria sido difícil encontrar um académico mais admirado com uma reputação estabelecida de honestidade e integridade. Bryce e os seus seis comissários, uma amálgama de distintos advogados, historiadores e juristas, 'analisaram' 1.200 declarações de 'testemunhas oculares', que afirmavam ter visto todo o tipo de comportamento alemão atroz.

Quase todas as provas provinham de refugiados belgas em Inglaterra; houve também algumas declarações de soldados belgas e britânicos, recolhidas em França. Mas os comissários não entrevistaram nenhuma destas testemunhas directas; essa tarefa foi dada a "cavalheiros com conhecimentos e experiência jurídica" - advogados. Como os alegados crimes tiveram lugar numa zona que ainda era uma zona de guerra, não foi conduzida qualquer investigação no local dos relatórios existentes.

Nem uma única testemunha foi identificada pelo nome; os comissários declararam que isto se justificava no caso dos belgas pelo medo de represálias alemãs contra os seus familiares. Mas as testemunhas soldado britânico permaneceram igualmente anónimas, sem razão aparente. No entanto, na sua introdução, Bryce afirmou que ele e os seus colegas comissários tinham testado as provas "severamente". Ninguém suspeitava que as testemunhas militares não fossem de todo "testadas", quanto mais severamente. Nunca foi dada qualquer razão para um erro tão grave, e aquilo a que Tavistock chamou desde então não uma mentira, mas uma "falsa declaração".

O Relatório Bryce foi publicado a 13 de Maio de 1915. A sede da propaganda britânica na Wellington House, perto do Palácio de Buckingham, assegurou o seu envio para praticamente todos os jornais da América. O impacto foi espantoso, como o título e subtítulos do *New York Times* deixaram claro.

AS ATROCIDADES ALEMÃS SÃO COMPROVADAS DE ACORDO COM A COMISSÃO BRYCE

Não só crimes individuais, mas também um abate premeditado na Bélgica

JOVENS E VELHOS ESTROPIADOS

Mulheres atacadas, crianças brutalmente mortas, queimaduras sistemáticas e pilhagens.

APROVADO PELOS OFICIAIS

Tiros injustificados na Cruz Vermelha e na Bandeira Branca: Prisioneiros e feridos de bala

CIVIS USADOS COMO ESCUDOS.

A 27 de Maio de 1915, agentes da Wellington House na América relataram a Londres os resultados da sua iniciativa de propaganda maciça:

> "Mesmo nos jornais hostis aos Aliados não há a menor tentativa de questionar a exactidão dos factos alegados. O prestígio de Lord Bryce na América pôs o cepticismo fora de questão".

Charles Masterman, chefe da Wellington House, disse a Bryce:

> "O seu relatório varreu a América".

Entre os poucos críticos do Relatório Bryce está Sir Roger Casement. "Basta recorrer a James Bryce, o historiador, para condenar Lord Bryce, o partidário", escreve Casement num ensaio furioso, *The Farended Extended Baleful Power of the Lie.*

Nessa altura, Casement tinha-se tornado um forte apoiante da independência irlandesa, pelo que poucas pessoas prestaram atenção à sua posição dissidente, que foi rejeitada como tendenciosa.

Clarence Darrow, o famoso advogado iconoclástico americano especializado em absolver clientes aparentemente culpados, era outro céptico. Viajou para França e Bélgica em finais de 1915 e procurou em vão por uma única testemunha ocular que pudesse confirmar até uma das histórias de Bryce. Cada vez mais céptico, Darrow anunciou que pagaria $1.000 - uma soma muito grande em 1915 - mais de $17.000 hoje - a qualquer pessoa que pudesse produzir um rapaz belga ou francês cujas mãos tivessem sido amputadas por um soldado alemão ou um filho único de qualquer dos sexos que tivesse sido bayoneted pelas tropas alemãs.

Nunca houve nenhum receptor, nem uma única "vítima" se apresentou para reclamar a recompensa, embora Darrow tenha gasto uma quantidade considerável do seu próprio dinheiro para a divulgar amplamente.

Após a guerra, os historiadores que procuraram examinar os documentos relacionados com as histórias de Bryce souberam que os arquivos tinham desaparecido misteriosamente. Nenhum funcionário ou departamento do governo se ofereceu para iniciar uma busca dos documentos "em falta".

Esta recusa flagrante de submeter os documentos 'severamente testados' a um novo teste, totalmente imparcial, levou a maioria dos historiadores a descartar 99% das atrocidades de Bryce como sendo fabricadas. Um historiador disse que o relatório era "em si mesmo uma das piores atrocidades da guerra". Estudos mais recentes reviram para baixo a percentagem de fabricações do Bryce Report, pois verificou-se que vários milhares de civis belgas, incluindo mulheres e crianças, foram aparentemente abatidos pelos alemães no Verão de 1914 e que o Bryce resumiu com mais ou menos precisão alguns dos piores excessos, tais como as execuções na cidade de Dinant.

Mas mesmo estes especialistas da época admitem que o relatório de Bryce foi "seriamente contaminado" pelas violações, amputações e bebés trespassados. Atribuem este grave erro à histeria e à fúria da guerra.

Isto equivale a dar ao Bryce um passe. O número de correcções que tiveram de ser feitas pelos críticos dos relatórios de Darrow foi inferior a um por cento e não ilibou Bryce. Como foi salientado na altura, 99% do relatório da Bryce Commission era uma mentira. A correspondência entre os membros da Comissão Bryce sobreviveu ao "desaparecimento" dos documentos; revela sérias dúvidas sobre os relatos de mutilação e violação. Estas sérias dúvidas nunca foram divulgadas na Grã-Bretanha e na América da forma como os relatórios de brutalidade da Wellington House foram divulgados. Um dos secretários da comissão admitiu ter recebido muitos endereços ingleses de mulheres belgas que supostamente tinham engravidado em resultado de violação alemã, mas que apesar da investigação intensiva, não conseguiu localizar nenhum na lista.

Até mesmo a história de um deputado que albergava duas mulheres grávidas foi considerada fraudulenta. Bryce aparentemente pôs de lado estas provas negativas, como Bush e Blair têm feito repetidamente quando, em raras ocasiões, alguns jornalistas têm feito o seu trabalho e feito perguntas embaraçosas.

Lord Bryce, o estudioso, deveria ter sabido - e quase de certeza que sabia - que as histórias de bebés lanças, violações e seios cortados de mulheres assassinadas eram fábulas clássicas de "odiar o inimigo" que datavam de há centenas de anos atrás, tal como as violações de gangues nos campos e praças públicas.

Mesmo um exame superficial das campanhas de Napoleão na Europa revela centenas de tais "atrocidades", uma pequena fracção das quais foi provada ser verdadeira.

Bryce, o erudito, historiador de grande confiança com reputação de honestidade, deveria ter rejeitado tais fabricações fora de controlo. Ele sabia certamente que a grande maioria das histórias de "atrocidades" emanavam da Wellington House (o precursor do Instituto Tavistock). Em vez de examinar a sua origem e de os rejeitar como propaganda, Bryce juntou-os a todos num "relatório" descrito como factual e depois emitiu uma condenação geral do exército e do povo alemães. Isto faz lembrar G.W. Bush e a sua classificação geral de que toda a população de vários estados muçulmanos pertencia a um "Eixo do Mal".

Porque é que o Bryce não rejeitou estas fabricações e se concentrou nas execuções alemãs de civis? Como já dissemos, ele sabia que a maioria dos "incidentes" eram produtos da Casa de Wellington; e se o tivesse feito, teria aberto um assunto muito sensível, nomeadamente o uso extensivo de propaganda por parte do governo britânico.

Há uma razão importante pela qual Bryce escolheu abandonar um caminho honroso em vez de manchar a sua reputação: uma elevada percentagem do exército belga em 1914/15 eram "Guardas do Lar" que não usavam uniformes excepto um distintivo preso à camisa ou chapéu. Os alemães, tentando desesperadamente ganhar a guerra no Ocidente antes de o exército russo invadir as linhas que quase não tinham no Oriente, foram exasperados por estes combatentes aparentemente civis e não tiveram piedade deles.

O facto de que o exército alemão tinha o direito de responder ao fogo contra civis, ou mesmo de o iniciar, segundo as regras de guerra das Convenções de Genebra aplicáveis na altura, nunca foi mencionado na imprensa.

O facto é que em 1915 os "partidários", até 1945, eram presas fáceis. Os civis, mesmo com distintivos presos aos seus chapéus, não estavam autorizados a disparar contra soldados de uniforme, nem tinham direito a protecção. Sim, é isso que dizem as regras da guerra nas Convenções de Genebra, e Lord Bryce e os seus comissários sabem-no. Este facto importante também não foi divulgado em Inglaterra e na América, à maneira da propaganda que tinha conseguido capturar os corações e as mentes dos povos britânico e americano.

Alguns comandantes de campo alemães perderam claramente a cabeça e levaram a cabo represálias excessivas contra cidades inteiras, tais como Dinant.

Mas poderia ser organizado algum tipo de defesa, mesmo para estes homens. O debate que se seguiu sobre o que a Convenção de Genebra permitiu teria feito bocejar os leitores de jornais. Eles queriam o que Bryce lhes estava a dar - sangue e luxúria, violação e horrores perpetrados por "bestas" alemãs ('Boche') contra mulheres e crianças pequenas e "civis desarmados". Queriam uma prova de que o "Huno" alemão era um bárbaro, uma besta selvagem. E se o público não tivesse sido enganado, a Wellington House, e o esforço de guerra do governo britânico, teriam estado em grandes dificuldades.

O Relatório Bryce sem dúvida ajudou a Grã-Bretanha a vencer a guerra. Influenciou sem dúvida a opinião pública americana e convenceu milhões de americanos e outros neutros - foi traduzido para 27 línguas - de que os alemães eram bestas hediondas sob forma humana. Ninguém, excepto alguns forasteiros "tendenciosos" como Sir Roger Casement e Clarence Darrow, alguma vez culpou Lord Bryce pelas mentiras viciosas que espalhou pelo mundo. Nenhum homem justo poderia jamais perdoar Bryce por se ter comprometido desta forma.

Durante todo este tempo a Wellington House permaneceu em segundo plano - poucos sabiam da sua existência - quanto mais do seu papel vital, mas tinha feito um trabalho importante e aperfeiçoado a técnica da lavagem cerebral. Quanto a Bryce, ele foi para a sua sepultura carregado de honras reais e académicas, um mentiroso da primeira ordem, um homem que se manchava a si próprio com o sangue de milhões nas mãos, um patife brilhante, um ladrão que roubou a verdade a um público com direito a conhecê-la, e que conseguiu escapar à detecção e exposição e à condenação total que foi universalmente concedida a Judas Iscariotes.

Com o benefício de cem anos de visão a posteriori, deveríamos ter uma visão muito mais dura do homem. O Relatório Bryce tinha ligações claras com a decisão britânica de manter o bloqueio da Alemanha durante sete meses após o armistício de 1918, causando a morte à fome de cerca de 600.000 velhos e muito jovens alemães, como parte do plano de enfraquecer a Alemanha ao ponto de nunca mais ser uma "ameaça" para os "aliados".

A propaganda da Casa de Wellington sobre o exército alemão foi de longe a maior atrocidade da Primeira Guerra Mundial e deu a todos os alemães o desejo de vingança. Ao criar um ódio cego à Alemanha, Bryce semeou os dentes do dragão da Segunda Guerra Mundial.

CAPÍTULO 20

A arte de mentir com sucesso: A Guerra do Golfo de 1991

Neste contexto, o que vimos na Guerra do Golfo, por volta de 1991, foi suficientemente arrepiante para nos recordar energicamente a origem da arte obscura de Lord Bryce de mentir e que mentiroso congénito e consciente ele se tinha tornado. Também nos recordou como a Wellington House e depois o Tavistock selaram definitivamente o uso da lavagem ao cérebro como instrumento de guerra. Este foi um dos factores decisivos na minha decisão de escrever este livro e de expor o Tavistock e a sua influência prejudicial e totalmente maléfica.

Durante a Guerra do Golfo, o Departamento de Defesa dos EUA fechou todos os meios de comunicação social e nomeou o seu próprio porta-voz, que deu a sua versão grosseiramente enganadora dos acontecimentos através de emissões televisivas. Apelidei este tipo de "Pentágono Pete" e ele falou alegremente de "danos colaterais", uma nova frase Tavistock utilizada pela primeira vez. O público levou muito tempo a compreender o que isso significava: perda humana, morte humana e destruição de propriedade.

Depois tivemos uma pausa em que a CNN foi autorizada a entrar e relatar o sucesso da defesa antimíssil Patriot no abate das SCUDs iraquianas, o que acabou por ser mais um exercício básico de propaganda. De acordo com a CNN, pelo menos um SCUD que atacava Israel era abatido todas as noites. Only *World In Review*, no meio da guerra, informou que nem um único míssil SCUD tinha sido abatido. Ninguém se atreveu a informar que um total de 15 SCUDs tinham atingido Tel Aviv e outras partes de

Israel. A desinformação e a desinformação prevaleceram. Apenas a WIR relatou a verdade, mas com um pequeno público leitor, isso não interessava aos propagandistas.

Depois houve a fraude gigantesca perpetrada contra o povo americano por uma das maiores empresas de relações públicas de Washington, Hilton e Knowles.

Mais uma vez, apenas WIR revelou que o episódio dos soldados iraquianos que arrancaram os recém-nascidos kuwaitianos das incubadoras e os atiraram para o chão foi uma mentira grosseira. É interessante notar que, tal como Benton e Bowles, Hilton e Knowles tinham ligações de longa data com o Instituto Tavistock. Ambas as empresas eram agências de 'publicidade' líderes.

A aflição de Hilton e Knowles, narrada com lágrimas por uma "testemunha ocular" (que por acaso era a filha adolescente do embaixador do Kuwait da família Al Sabah em Washington), foi o que influenciou o Senado a violar a Constituição dos EUA e a "dar" permissão a Bush Sr. para atacar o Iraque, apesar de não existir tal disposição na Constituição dos EUA. Embora Bush Sr. possa dizer: "Eu não sabia disso, não contratei Hilton e Knowles", ele sabia claramente tudo sobre o golpe de propaganda chave que estava a ser feito contra o povo americano. Ninguém jamais acreditará que ele não reconheceu a filha de dezasseis anos do embaixador kuwaitiano, com quem já se tinha encontrado antes.

O embaixador kuwaitiano pagou a Hilton e Knowles 600.000 dólares para encenar esta fraude elaborada perante o Senado, pelo que deveria ter sido preso por mentir a uma comissão do Senado. O que foi tão revoltante foi que a rapariga também ficou impune pelo seu papel ao contar a sua experiência em lágrimas: 'Vi os soldados iraquianos arrancarem os recém-nascidos das incubadoras e atirá-los para o chão', chorou ela.

O facto é que Narita Al Sabah não tinha posto os pés no Kuwait durante anos, e certamente não durante a guerra! Estava em Washington D.C. com o seu pai, na residência do embaixador em

Washington. No entanto, esta criança e o seu pai não foram processados. Isto é o que os especialistas em propaganda da Tavistock chamam "uma repetição bem sucedida de eventos". O testemunho de Narita Al Sabah tornou-se a peça central de uma enorme campanha mediática na América, e sabe-se que influenciou não só o Senado, mas colocou o povo americano do lado da guerra contra o Iraque.

Bush Sr. entregou-se a uma velha peça de propaganda dizendo ao mundo que "Saddam" tinha de ser removido do Iraque "para tornar o Médio Oriente mais seguro". (Lembre-se que Wilson enviou tropas americanas para as suas mortes em França para "tornar o mundo seguro para a democracia"). Bush Sr. começou subitamente a vilipendiar e demonizar o presidente iraquiano para servir os interesses dos seus amigos do cartel petrolífero e, tal como com o Kaiser em 1913, funcionou.

Poucas pessoas se lembram do estratagema de Wilson, ou podem ter notado a semelhança impressionante entre o que o Presidente Bush disse, o que Bryce disse a Wilson, e o que Wilson disse ao povo americano para apoiar a Primeira Guerra Mundial. Agora que Hussein está quase esquecido e quaisquer ameaças que possa ter colocado foram todas descartadas como um monte de mentiras, é de repente "Al Qaeda" que temos de nos preocupar.

Woodrow Wilson usou propaganda directa quando disse a um povo americano relutante que a guerra iria "tornar o mundo seguro para a democracia". Bush empenhou-se no mesmo engano absoluto. O preço de tornar o mundo "seguro para a democracia" era terrível. Segundo o Professor William Langer, os mortos conhecidos da Primeira Guerra Mundial ascendem a 10 milhões de soldados, homens e mulheres, e 20 milhões de feridos. Só a Rússia perdeu 9 milhões de homens, ou seja, 75% do seu exército. O custo total da guerra em dólares foi estimado em 180 milhões de dólares, aos quais devem ser adicionados custos indirectos de 151.612.500.000 dólares.

CAPÍTULO 21

O Memorial dos Soldados e os cemitérios da Primeira Guerra Mundial

O custo da guerra de Bush contra o Iraque foi de cerca de 420 mil milhões de dólares em meados de 2005, e a família Bush quer mais dinheiro para o seu mal-afamado empreendimento. E conhecendo o povo americano e os seus desafortunados, impotentes mas inúteis representantes na legislatura, Bush conseguirá o que quer.

Os números do custo em dólares da Primeira Guerra Mundial nada dizem sobre a dor e sofrimento infligidos na América por Wilson, o transgressor. Inserimos aqui um artigo recente, que dá um toque pessoal e pungente à terrível perda de vidas naquela guerra de pesadelo.

"Há várias semanas, visitei com a minha família o Museu Memorial do Soldado, no coração do centro de St. Louis. É um edifício enorme e profundamente impressionante, dedicado em 1936 pelo Presidente Roosevelt como um memorial aos 1075 homens de St. Louis que morreram na Primeira Guerra Mundial. O memorial é dolorosamente belo, todos os mosaicos e mármore, com chão de terrazzo e esculturas em pedra de Bedford. É dominado pelo vasto cenotáfio de granito preto no seu centro, coberto com os nomes das centenas de mortos, dispostos em filas limpas".

"No dia em que visitámos este lugar notável mas assombrado, parecia completamente vazio. Se estava vazio de visitantes, estava cheio dos espíritos, vozes e rostos dos rapazes de cabelos pálidos e despenteados em uniformes bem apertados que tinham saído de St. Louis há 86 anos para lutar numa guerra gloriosa tão longínqua numa terra distante, rapazes que nunca tinham regressado a casa.

A pungência deste evento foi tanto mais forte quanto vivemos diariamente com as consequências do actual conflito, a guerra sangrenta e selvagem no Iraque. Lemos todos os dias sobre os rapazes que nunca mais regressarão a casa".

"O que mais me impressionou, enquanto passeava pelo memorial e museu, segurando a minha filha recém-nascida, foi o facto de parecerem tantos memoriais que eu tinha visitado no meu próprio país, a Escócia. Pareciam também os memoriais que tinha visitado em França, Inglaterra, Canadá e Nova Zelândia, e pareciam os memoriais em quase todos os outros países afectados pela carnificina da Primeira Guerra Mundial".

"Em quase todos os países afectados pela carnificina da Primeira Guerra Mundial, a chamada 'guerra para acabar com todas as guerras', os homens apressaram-se a alistar-se no exército e foram para a guerra com grande entusiasmo. Acreditavam que seria uma guerra curta, afiada e bem sucedida, travada por boas razões, e gloriosa para os vencedores. Eles acreditavam que estavam a construir um mundo melhor".

"Eles estavam errados. Uma média de 5.500 homens morreu todos os dias durante quatro anos e meio na Primeira Guerra Mundial; ou seja, cerca de quatro homens por minuto, todos os minutos, durante quatro anos e meio, até 10 milhões de homens estarem mortos. A Primeira Guerra Mundial fez mais do que destruir vidas; destruiu a confiança no progresso, na prosperidade e na razoabilidade dos seres humanos civilizados que se tinham tornado tão característicos do século XIX. A guerra destruiu grande parte da geração seguinte que poderia ter proporcionado liderança para a Europa"...

"E esta manhã, enquanto seguro a minha filhinha e leio relatórios diários sobre a escalada da violência no Iraque, com britânicos, iraquianos e americanos ainda a morrer, o Soldado de St. Louis - um memorial a uma guerra que nunca deveria ter sido travada - assombra-me e os seus fantasmas assombram o Memorial. Foi a pior de todas as catástrofes, a guerra que nunca deveria ter sido travada - assombra-me".

"Os cérebros neoconservadores da administração americana teriam sido bem aconselhados a visitar lugares como este e pensar longa e duramente nas lições de tais memoriais antes de embarcar numa guerra no Médio Oriente que já matou um número incrível de pessoas e que certamente irá matar muitas mais, directa e indirectamente.

(Escrito pelo Professor Dr. James Lachlan MacLeod, Professor Associado de História, Universidade de Evansville, Indiana).

As minhas experiências são paralelas às do Professor MacLeod. Visitei os campos de batalha de Verdun e Passchendale, onde teve lugar a maior parte do abate que ele tão eloquentemente relata. Tentei imaginar 10 milhões de soldados morrendo tão jovens, o terror, horror e dor que experimentaram, e a tristeza inconsolável daqueles que deixaram para trás. Enquanto estava à luz da tarde num dos muitos cemitérios militares franceses, olhando para os milhares e milhares de cruzes brancas que atravessavam os cemitérios militares, fui ultrapassado pela raiva, e depois esmagado pela dor, tanto que juro que ouvi os gritos e os gritos angustiados dos mortos exigindo justiça, tão cruelmente abatidos no auge da vida, e pareceu-me que podia ver os seus rostos reflectidos nas nuvens.

Foi uma experiência mística que nunca esquecerei, como foi a experiência de um oficial britânico que visitou estes campos de batalha em 1919:

Ontem visitei os campos de batalha dos últimos anos. O local era dificilmente reconhecível. Em vez de um deserto de conchas, o solo era um jardim de flores selvagens e erva alta. O mais notável foi o aparecimento de vários milhares de borboletas brancas a flutuar por aí. Era como se as almas dos soldados mortos tivessem vindo para assombrar o lugar onde tantos soldados tinham caído. Era sinistro vê-los. E o silêncio! Era tão silencioso que quase podia ouvir o bater das asas das borboletas (dos registos do Museu de Guerra Britânico em Londres)

O meu intenso sentimento de indignação fez-me determinado a descobrir tudo o que podia sobre uma guerra terrível que começou com propaganda maciça, o flagelo do mundo moderno. Esta foi outra razão decisiva para escrever este livro e expor o mal de Tavistock. Sir Roger Casement pensou que Lord Bryce deveria ter sido enforcado por traição e penso que Wilson deveria ter sofrido um destino semelhante, o que teria impedido

Roosevelt e Churchill de mergulharem o mundo numa segunda ronda de carnificina. A propaganda prevaleceu, e o mundo civilizado ocidental perdeu-se.

O mundo que conhecíamos, o mundo estabelecido pela civilização ocidental, desapareceu. As previsões sombrias de Spengler tornaram-se realidade. No lugar do nosso mundo civilizado ocidental, veremos em breve o terrível edifício do novo governo comunista socialista mundial que paira na escuridão da longa noite que se avizinha.

Não há dúvida que a Primeira Guerra Mundial foi instigada pela Grã-Bretanha e pelo seu aliado, os Estados Unidos da América, com a ajuda da Wellington House. A guerra não teria podido ter lugar sem a propaganda activa despejada por estas forças negras. O nome de Lord Grey, o seu principal arquitecto, ficará na história como político desonesto e traidor do seu povo.

Não há consenso sobre a razão pela qual a Grã-Bretanha provocou a Primeira Guerra Mundial. Mas em 1916, o exército alemão tinha derrotado os exércitos francês e britânico da forma mais decisiva. Wilson estava sob grande pressão para enviar tropas americanas para a Europa. A Wellington House lançou, portanto, uma guerra de propaganda generalizada contra o povo americano, mas foi ineficaz até à publicação do Relatório Bryce.

É impossível compreender o que está a acontecer no Iraque se não apreciarmos plenamente a terrível propaganda feita contra o povo britânico e americano em 1913 e 1940. Este foi um dos capítulos mais negros e desprezíveis da história, com Wilson a dizer mentiras como uma "guerra justa", e "uma guerra para acabar com todas as guerras", uma guerra "para tornar o mundo seguro para a democracia". O objectivo da guerra era assegurar o comércio, especialmente para a Grã-Bretanha e França, agora ameaçado pela indústria alemã.

Mas estas eram apenas palavras que mascaravam a sua verdadeira intenção e não faziam sentido neste contexto, exactamente o que se esperaria de um político. O tipo de disparate que se encontra num cartaz.

O discurso de Wilson sobre "tornar o mundo seguro para a democracia" não foi mais do que bolhas de gás coloridas. Propunha-se ir para a guerra ao lado dos britânicos, que naquele preciso momento asseguravam que não havia democracia popular no Império.

Os britânicos tinham acabado brutalmente com os Boers na África do Sul, numa guerra cruel que durou três anos. Se Wilson queria tornar o mundo "seguro para a democracia", deveria ter entrado em guerra com a Alemanha contra a Inglaterra, o agressor e instigador da guerra.

Em vez de "tornar o mundo seguro para a democracia", revelou-se a maior calamidade que alguma vez se abateu sobre as nações civilizadas que caíram nas garras de homens corruptos, imorais e mentirosos, numa guerra apropriadamente chamada "A Grande Guerra". Foi, claro, 'grande' apenas na sua escala e alcance.

Nunca compreenderemos como os Estados Unidos se tornaram a "única grande potência", a menos que confessemos os pecados de Wilson e do estabelecimento britânico de há 100 anos atrás. Os EUA têm-se enredado continuamente nos assuntos de outras nações soberanas, apesar do aviso de George Washington, e o primeiro exemplo disto foi a nossa entrada na Primeira Guerra Mundial e o fracasso da Liga das Nações. Wilson fez pleno uso dos mestres da propaganda na Casa Wellington, usando o slogan como arma coerciva e disse ao relutante Senado que se eles não ratificassem a Liga das Nações, "iria partir o coração do mundo".

Graças ao Senator Cabot Lodge, e a vários senadores norte-americanos que, após séria consideração e reflexão ao abrigo da Constituição dos EUA, recusaram ratificar o tratado da Liga das Nações porque descobriram que este pretendia matar a soberania dos EUA. Usando e abusando da sua propensão para a propaganda, Wilson tentou ganhar declarando a sua campanha de reeleição "um grande e solene referendo para a aceitação do tratado" mas, sem o apoio de Lord Bryce, ele perdeu e foi posto de lado.

Infelizmente, não demorou muito tempo para que os rolos de

propaganda a vapor regressassem com a versão redesenhada das Nações Unidas da Liga das Nações. Truman (não o mero vendedor de chapéus do Missouri mas o Mestre Mason) traiu o povo americano ao autorizar a formação deste edifício mundial único nos Estados Unidos e Truman usou a propaganda deixada por Wilson para persuadir os senadores a votarem nas suas mentiras.

O que Truman fez foi forçar a nação americana a fazer um pacto com o diabo - o diabo do poder sobre a justiça e a verdade, justiça pelo cano de uma arma. Aplicámos esta "justiça" na Segunda Guerra Mundial ao bombardear maciçamente centros civis sem ter em conta a perda de vidas, e utilizámos bombas atómicas no Japão, apesar de a guerra ter terminado, como parte do estratagema de propaganda "choque e pavor" retomado por Rumsfeld na guerra inconstitucional contra o Iraque.

CAPÍTULO 22

A paz não é popular

A Segunda Guerra Mundial seguiu um padrão quase idêntico ao da Primeira Guerra Mundial. Por ter feito um acordo de paz com Hitler, Neville Chamberlain foi imediatamente sujeito a uma poderosa barragem de propaganda liderada pelo Instituto Tavistock. Chamberlain tinha desafiado o Comité dos 300 e apoiado um recém-chegado, um estranho que era visto como uma ameaça ao socialismo mundial.

O mundo não aprendeu a verdade sobre Chamberlain, que ele era um político capaz e determinado a evitar outra guerra, que ele tinha experiência e tinha elaborado um plano justo para a paz - que, claro, não se sentava bem com os abutres de munições sentados na cerca, à espera de se banquetear com a riqueza das nações e pairar sobre os cadáveres dos seus filhos

A vasta máquina de propaganda criada no Instituto Tavistock em Londres entrou imediatamente em acção contra Chamberlain depois de ele ter anunciado o seu bem sucedido plano de paz. Shakespeare disse que "o mal que os homens fazem vive atrás deles; o bem é frequentemente enterrado com os seus ossos". O bom camareiro não se adequava aos belicistas e eles enterraram-no sob um catálogo de propaganda e de mentiras verdadeiras.

Estas mentiras foram o trabalho de especialistas em propaganda empregados no Instituto Tavistock, incluindo Peter Howard, Michael Foot e Frank Owen. Um destes homens, sob o pseudónimo de 'Cato', vilipendiou de tal forma o Chamberlain que a infâmia que anexaram ao seu nome vive hoje, Julho de 2005. Tal é o poder da poderosa máquina de propaganda Tavistock.

Mais tarde, muito depois de os especialistas em propaganda terem feito o seu trabalho, o historiador e académico britânico David Dutton escreveu um livro, *Neville Chamberlain*, no qual fez uma avaliação equilibrada do antigo primeiro-ministro. Longe de ser um 'Hitler dupe' e um 'tolo', Chamberlain foi um grande negociador e um líder muito capaz, que lutou corajosamente para evitar outra guerra. Mas isto foi contra a vontade do Comité de 300. Churchill teve a sua "guerra deliciosa", mas em 1941 os "Aliados" tinham sido praticamente expulsos do continente europeu com enormes perdas de mão-de-obra. A França, Bélgica, Holanda e Dinamarca foram ocupadas.

A Alemanha ofereceu condições generosas à Grã-Bretanha, mas o belicista Churchill rejeitou as aberturas de paz e voltou-se para o seu velho aliado, os Estados Unidos, para fornecer homens, dinheiro e material para continuar a "guerra deliciosa".

Ao povo americano, dizemos com profundo pesar:

"Quando é que vai aprender? Quando fará a distinção entre propaganda e informação autêntica? Quando irá pôr à prova constitucional as propostas de guerra? "

Wilson era um mentiroso inveterado e detractor da Constituição americana, mas através de uma enorme campanha de propaganda organizada, dirigida e mantida pela Wellington House, conseguiu cumprir a sua missão operando sob a bandeira do patriotismo, que superou uma oposição vigorosa à guerra. Entre Wilson, Churchill e Roosevelt, foram infligidos enormes danos à civilização cristã ocidental. No entanto, apesar deste facto, uma onda de propaganda continua a lavar-se sobre os seus nomes, como que para os livrar do sangue de milhões nas suas mãos.

Em vez de serem vilipendiados, existem numerosos monumentos por toda a Europa, e na América um monumento multi-bilionário será erigido a Franklin D. Roosevelt, cuja traição levou os japoneses a "disparar o primeiro tiro", como disseram as Dairies Stimson. Pearl Harbor preparou o caminho para o controlo comunista da China e, em última análise, o caminho para uma nova ordem mundial comunista-socialista num governo mundial único. A nossa única esperança neste vale de desespero é que este trabalho possa ajudar a abrir os olhos do povo americano, para que este resolva nunca mais cair na propaganda, embora na sequência da tragédia do 11 de Setembro, isso pareça agora uma esperança vã.

Tivemos recentemente a experiência perturbadora de sermos apressados para uma guerra desnecessária na Sérvia, Afeganistão e Iraque pelas ferramentas de propaganda expandida nas mãos dos peritos Tavistock, a mesma ferramenta utilizada para vilipendiar o Kaiser e o Chamberlain. O Presidente Milosevic foi demonizado, vilipendiado, menosprezado e eventualmente expulso do poder. O Presidente Milosevic foi ilegalmente preso e transportado ilegalmente para a Holanda para ser "julgado" por um tribunal fantoche que tenta condená-lo por "crimes de guerra" há quase quatro anos.

George Bush Jr. recusou-se a dar tempo aos mediadores no Iraque para trabalharem porque sabia que isso iria impedir a guerra. Recusou-se a dar tempo aos inspectores de armas da ONU para completarem o seu trabalho e em vez disso declarou, com a má intenção de todos os propagandistas, que o mundo não podia esperar mais dez dias devido ao "perigo iminente" de "armas de destruição maciça" nas mãos do "ditador iraquiano". (O "Carniceiro de Bagdad").

Assim, mais uma vez, o povo dos Estados Unidos foi arrastado por uma inundação de mentiras espalhadas pelos propagandistas do Instituto Tavistock e apanhadas pelos meios de comunicação social dos EUA, incluindo o principal meio de propaganda dos EUA, a *Fox News*.

No entanto, os americanos têm mais sorte desta vez: Não tivemos de esperar um século para que a verdade se soubesse: não havia "armas de destruição maciça", nem "fábricas químicas e bacteriológicas", nem foguetes de longo alcance para causar uma "nuvem de cogumelos sobre Boston" (graças à propaganda de Tavistock e ao apologista de lavagem ao cérebro em massa Rice), e o Sr. Bush e o seu cúmplice, o primeiro-ministro britânico Blair. Mas embora tenham sido apanhados numa teia de mentiras, todos os anteriores permanecem em funções. Não foram despedidos pelas inúmeras mentiras que juraram ser verdadeiras e das quais nem sequer se dão ao trabalho de se livrarem hoje, ignorando as críticas com a ajuda de espinafres como Karl Rove e Alaister Campbell. Esperemos que a causa da justiça seja servida, e que os responsáveis pela tragédia dos bombardeamentos na Sérvia e no Afeganistão, e pelas invasões injustificadas do Iraque, sejam levados à barra da justiça internacional para responder pelos seus crimes.

As vozes dos mortos erguem-se dos campos de batalha da Europa, Pacífico, Sérvia e Afeganistão, e Iraque, lamentando que tenham morrido porque a "lavagem cerebral" triunfou e a propaganda prevaleceu, o flagelo do mundo moderno, saindo do Instituto Tavistock como o miasma imundo de um pântano molhado e barulhento, envolvendo o mundo para o cegar para a verdade.

Lord Northcliffe

Walter Lippman

Edward Bernays
e Eleanor Roosevelt

Edward Bernays

Cientistas sociais em Tavistock

W.R. Bion

Gregory Bateson

R.D. LaingEric

L. Trist. Cientista social do Instituto Tavistock

Leon Trotsky. Líder
marxista (nome real Lev.
Bronstein.)

Willy Munzenberg. O
brilhante espião russo e
principal propagandista

Lord Northcliffe e Adolph Hitler.

H.G. Wells. Autor britânico.
Fabianista líder, e agente dos
serviços secretos. Escreveu *"A
Guerra dos Mundos"*.

George Bernard Shaw.
dramaturgo irlandês e
Fabianista

Walter Rathenau. Líder
industrial alemão.
Conselheiro financeiro de
Kaiser Wilhelm II.

Lord Bertrand Russell.
Socialista britânico,
autor e estadista mais
velho dos "300".

Kaiser Wilhelm II
Wellington House
chamou falsamente o
líder alemão de
"carniceiro sangrento".

A Rainha Vitória era prima
de Guilherme II.

Rei Jorge V.

Woodrow Wilson,
Presidente dos Estados
Unidos da América. Um
socialista declarado

O infame desenho de propaganda de Kaiser Wilhelm II sobre mulheres e crianças belgas que ele tinha alvejado. Este desenho, e um desenho semelhante produzido pela Wellington House, mostrando William II de pé sobre crianças belgas, uma espada a pingar com sangue das suas mãos cortadas, foi publicado em jornais na Grã-Bretanha e nos Estados Unidos.

(acima) Trotsky "revê" as suas "tropas" em Moscovo. Esta é uma das centenas de fotografias de propaganda que inundaram os jornais ocidentais voluntários.

(abaixo) Uma representação de uma das muitas e terríveis batalhas de mão-a-mão da Primeira Guerra Mundial. A brutalidade e o massacre deixaram os sobreviventes de ambos os lados mentalmente incapacitados e assombrados pelo que experimentaram.

(1) Sean Hannity (2) Rush Limbaugh

(3) Tucker Carlson (4) Matt Drudge

(5) G. Gordon Liddy (6) Peggy Noonan

(7) Brian Williams (8) Bill O'Reilly

(9) Lawrence Kudlow (10) Dick Morris

(11) John Stossel (12) William Bennet

(13) Oliver North (14) Michael Savage

(15) Michael Reagan (16) Joe Scarborough

CAPÍTULO 23

The Tavistock Institute: o controlo britânico sobre os Estados Unidos

O Tavistock Institute of Human Relations está localizado em Londres e nos terrenos da Universidade de Sussex em Sussex, Inglaterra, onde se encontra a maior parte das suas instalações de investigação. Tavistock permanece tão importante hoje como era quando revelei a sua existência no início de 1969. Fui acusado de fazer parte do Tavistock porque trabalhei perto das suas instalações de Sussex e estava familiarizado com a sua história.

Grande parte da actividade mais recente da Tavistock teve, e continua a ter, uma profunda influência na forma como vivemos na América, e nas nossas instituições políticas. Acredita-se que Tavistock esteja por trás da publicidade ao aborto, da proliferação de drogas, sodomia e lesbianismo, das tradições familiares, e do ataque feroz à Constituição, do nosso mau comportamento na política externa, e do nosso sistema económico, programado para falhar.

Além de John Rawlings Reese, nenhum outro homem influenciou mais a política e os acontecimentos mundiais do que Edward Bernays (sobrinho de Sigmund Freud) e Kurt Lewin. Um "terceiro homem" deve ser incluído aqui, embora nunca tenha sido membro do corpo docente do Tavistock. É Willi Munzenberg, cujos métodos de propaganda e aplicações tão cruciais para a era moderna da comunicação de massas lhe valeram o título de "o maior propagandista do mundo". Indubitavelmente o homem mais brilhante do seu tempo (começou o seu trabalho antes da Primeira Guerra Mundial), Munzenberg foi encarregado de branquear os bolcheviques depois de estes terem derrubado a dinastia Romanov. Munzenberg moldou definitivamente as ideias e métodos postos em prática por Bernays e Lewin. As suas lendárias explorações na manipulação de Leon Tepper, o Kappelmeister de Rot Kappell (maestro da rede de espionagem "Orquestra Vermelha"), fez de Munzenberg o espião mestre de todas as agências de inteligência existentes. O Tepper foi treinado por Munzenberg e nunca foi apanhado. A Tepper conseguiu obter todos os segredos da Grã-Bretanha e dos Estados Unidos durante a Segunda Guerra Mundial. Não há praticamente nenhum plano secreto iniciado pelos "aliados" que não fosse já conhecido por Tepper, que passou a informação ao KGB e ao GRU em Moscovo.

No seu próprio campo, Bernays foi igualmente brilhante, mas suspeito que a maior parte das suas ideias vieram do seu famoso tio Sigmund. Quanto às suas ideias sobre propaganda, há poucas dúvidas de que ele "pediu emprestado" a Munzenberg, e isto reflecte-se na *Propaganda* clássica de Bernays, publicada em 1928. A tese deste livro é que é inteiramente apropriado e um direito natural do governo organizar a opinião pública para se conformar com as políticas oficiais. Voltaremos a este assunto mais tarde.

Munzenberg teve a audácia de pôr em prática os seus princípios básicos de propaganda muito antes de Bernays, ou Joseph Goebbels, o ministro alemão do Iluminismo Popular (como foi chamado o Ministério da Propaganda).

O especialista em propaganda do Partido Nazi admirava muito o trabalho de Munzenberg e modelou o seu próprio programa de propaganda sobre os métodos de Munzenberg. Goebbels teve sempre o cuidado de creditar Munzenberg como o "pai" da propaganda, apesar de poucas pessoas o conhecerem.

Goebbels tinha estudado particularmente como Munzenberg tinha usado o seu domínio da ciência da propaganda quando Lenine o recrutou para mitigar a terrível publicidade em 1921, quando 25 milhões de camponeses da região do Volga morreram devido à devastação da fome. Assim Munzenberg, nascido na

Alemanha, tornou-se o querido dos bolcheviques. Para citar um relato histórico recente:

"Munzenberg, que nessa altura já tinha regressado a Berlim onde foi mais tarde eleito para o Reichstag como deputado comunista, foi encarregado de criar uma falsa "caridade", o Comité Estrangeiro para a Organização de Ajuda aos Trabalhadores Famintos na União Soviética, cujo objectivo era fazer o mundo acreditar que a ajuda humanitária vinha de uma fonte diferente da Organização de Ajuda Americana de Herbert Hoover. Nisto, Munzenberg foi bastante bem sucedido.

Munzenberg atraiu a atenção da direcção da antiga Wellington House, que em 1921 tinha mudado o seu nome para Instituto Tavistock de Relações Humanas sob a direcção do Major-General John Rawlings Reese, anteriormente da Escola do Departamento de Guerra Psicológica do Exército Britânico.

Os leitores que têm acompanhado o meu trabalho não ficarão surpreendidos ao saber que a maioria das técnicas adoptadas e aperfeiçoadas por Munzenberg foram retomadas por Bernays e seus colegas, Kurt Lewin, Eric Trist, Dorwin Cartwright e H. V. Dicks W. R. Bion na Tavistock, que mais tarde ensinou estes métodos à Agência Central de Inteligência.

Munzenberg não foi o único comunista a ter uma influência profunda nos acontecimentos nos Estados Unidos. Creio que Tavistock foi instrumental na preparação do "dossier do aborto", que mais tarde foi apresentado ao Supremo Tribunal em 1973 como uma obra original, quando na realidade era apenas uma recitação do que Madame Kollontei, fundadora do movimento "libertação das mulheres" e defensora do "amor livre" na URSS, tinha escrito.

Comissário e líder dos bolcheviques, o seu livro é uma diatribe contra a santidade do casamento e da família como a unidade social mais importante dos países cristãos. Kollontei, claro, tirou o seu "feminismo" directamente das páginas do Manifesto Comunista de 1848.

George Orwell, o agente do MI6 que escreveu o famoso *1984*, estudou em pormenor o trabalho de Munzenberg. Na verdade, a sua declaração mais famosa baseou-se no que Munzenberg tinha dito ser a base da propaganda:

> "A linguagem política foi concebida para fazer com que a mentira pareça verdadeira e o assassínio respeitável e para dar a aparência de solidez ao vento puro".

Como disse o seu homólogo alemão Munzenberg:

> "Todas as notícias são mentiras e toda a propaganda é disfarçada de notícia".

É útil conhecer Munzenberg porque nos ajuda a compreender como os políticos operam e como as forças secretas controlam o acesso à informação, e como a opinião pública é moldada e moldada. Bernays seguiu certamente o mestre e nunca se desviou da sua metodologia. Sem saber estas coisas, nunca poderemos compreender como o Presidente George Bush pode fazer as coisas que faz e não ter de enfrentar as consequências. Permitiu-me certamente rastrear as origens dos chamados "neoconservadores" que moldam as suas políticas até ao seu fundador, Irving Kristol, que admite ter sido um discípulo declarado de Leon Trotsky.

Tavistock continua a ser a mãe de todas as instalações de investigação relacionadas com mudanças de comportamento, formação de opinião e formação de eventos políticos. O que Tavistock fez foi criar um "buraco negro de engano no século 20". A sua tarefa teria sido muito mais difícil se não fosse a prostituição dos meios de comunicação e o seu papel na divulgação do "evangelho segundo George Orwell".

Lord Northcliffe, o chefe do antecessor de Tavistock, Wellington House, era um magnata dos meios de comunicação social e a certa altura chegou ao ponto de enviar milhares de cópias do seu *Daily Mail* para França todas as semanas e depois mandar entregar por uma frota de camiões às tropas britânicas na frente, "para conquistar os seus corações e mentes a favor da guerra" (Primeira Guerra Mundial)

Particularmente aqui nos Estados Unidos, assumiu virtualmente o Massachusetts Institute of Technology (MIT), Stanford

Research, Esalen Institute, Wharton School of Economics, Hudson Institute, Kissinger Associates, Duke University e muitas outras instituições que nos vêm considerando como totalmente americanas.

A Rand Research and Development Corporation, sob a égide do Tavistock, tem tido uma profunda influência em muitas instituições e segmentos da nossa sociedade. Como uma das principais instituições de investigação directamente controladas pela Tavistock, Rand dirige o nosso programa ICBM, efectua análises de alto nível para os decisores da política externa dos EUA e aconselha-os sobre política nuclear, conduz centenas de projectos para a CIA no campo do controlo da mente.

Os clientes de Rand incluem a AT&T, Chase Manhattan Bank, a Força Aérea dos EUA, o Departamento de Energia dos EUA e o Departamento de Saúde.

B.M. Rand é uma das maiores instituições controladas por Tavistock no mundo, e trabalha na lavagem ao cérebro a todos os níveis, incluindo o governo, as forças armadas, as organizações religiosas. Desmond Tutu, da Igreja Anglicana, foi um dos projectos de Rand.

Tomemos outro exemplo: Universidade de Georgetown, talvez uma das melhores instituições de ensino superior na América. A partir de 1938, toda a estrutura de Georgetown foi revista pelo Tavistock - todos os seus formatos e programas de aprendizagem foram alterados para se enquadrarem num plano elaborado pelo Tavistock brain trust.

Isto tem sido de grande importância para a política dos EUA, particularmente na área das relações de política externa. Sem excepção, os oficiais de campo do Departamento de Estado dos EUA são treinados em Georgetown.

Entre os graduados mais conhecidos de Georgetown (Tavistock) estão Richard Armitage e Henry Kissinger. A extensão dos danos que estes dois membros do exército invisível de John Rawlings Reese causaram ao bem-estar do nosso país terá de ser contada noutra altura.

Há provas crescentes de um aumento da contribuição da Tavistock para as nossas agências de inteligência. Quando pensamos na inteligência nos EUA, normalmente pensamos na CJA ou Divisão Cinco do FBI. Mas há muitas outras agências de inteligência que recebem instruções do Tavistock. Estes incluem o Departamento de Inteligência da Defesa (DIA), o Gabinete de Reconhecimento Nacional (NRO) e o Gabinete de Inteligência Naval (ONI), o Serviço de Inteligência do Tesouro (TIS), o Serviço de Inteligência do Departamento de Estado, a Agência de Combate à Droga (DEA) e pelo menos dez outros.

Como e quando é que o Tavistock começou a sua carreira? Como disse nos meus livros de 1969 e 1983, quando se pensa no Tavistock, pensa-se automaticamente no seu fundador, o major do exército britânico John Rawlings Reese. Até 1969, muito poucas pessoas na Grã-Bretanha fora dos círculos de inteligência sabiam da existência do Tavistock e muito menos do que estava a ser feito nas suas instalações em Londres e Sussex.

Tavistock tem prestado serviços de natureza sinistra às pessoas que se encontram em todas as cidades deste país; pessoas que têm funcionários do governo local e estatal e a polícia na palma da sua mão.

Este é também o caso em todas as grandes cidades americanas, onde os membros Illuminati da Maçonaria usam os seus poderes secretos de controlo para espezinhar a Carta de Direitos, intimidar e brutalizar cidadãos inocentes à vontade. Onde estão os estadistas que tornaram este país grande? O que temos são legisladores que não fazem cumprir as leis que fazem, e que têm medo de corrigir os erros óbvios que abundam por todos os lados, receando que, se obedecessem ao seu juramento, pudessem ficar sem emprego.

São também legisladores que não têm sequer a mais vaga ideia do que é o direito constitucional, e parecem não se importar. Eles aprovam "leis" que nunca foram testadas quanto à constitucionalidade. A maioria dos legisladores não sabe como fazer isto de qualquer forma. Como resultado, reina a anarquia em Washington. A maioria dos candidatos que concorrem à Câmara dos Representantes e ao Senado podem ficar chocados com o facto de cada um deles ser cuidadosamente examinado e traçado pelos cientistas de modificação de comportamento da Tavistock, ou de uma ou mais das suas filiais nos Estados Unidos.

Basta dizer que existe um espírito de inconstitucionalidade no Congresso, e é por isso que nos sentimos insultados por medidas como o "Brady Bill" e o Feinstein "Assault Weapons Act" e, em 2003, o "Homeland Security Bill" e o "Patriot Act", todos eles não aparecem em parte alguma na Constituição e são, portanto, uma proibição. A "lei" de Feinstein tem uma semelhança impressionante com o trabalho do Instituto Tavistock. Como a Constituição é a lei suprema da terra, as leis de "controlo de armas" são nulas e sem efeito.

As armas de fogo são propriedade privada. As armas de fogo não fazem parte do comércio interestadual. Todo o cidadão americano são, adulto e não-criminal tem o direito de manter e portar armas em qualquer quantidade e em qualquer lugar.

O grande São Jorge Tucker disse:

> "O Congresso dos Estados Unidos não tem poder para regular ou interferir com as preocupações internas de qualquer dos Estados, cabe-lhes (aos Estados) fazer quaisquer regras que respeitem o direito de propriedade, e a Constituição não permitirá qualquer proibição de armas ao povo ou de reunião pacífica por parte deste, para qualquer propósito e em qualquer número, em qualquer ocasião". (Vistas de Blackstone sobre a Constituição, página 315)

Qualquer candidato que não seja fácil de controlar ou que não se ajuste aos perfis do Tavistock é descartado. Neste contexto, a imprensa escrita e a Internet - sob a direcção da Tavistock ou de uma das suas afiliadas - desempenham um papel fundamental. Que os eleitores tenham cuidado, que o público em geral esteja ciente disto.

O nosso processo eleitoral tornou-se uma farsa, graças ao

trabalho feito por Tavistock para controlar os pensamentos e ideias do povo desta nação através de "condicionamento direccional interno" e "penetração de longo alcance", dos quais a ciência do controlo da mente através de sondagens é parte integrante. Tavistock serve a Nobreza Negra em todos os seus elementos, trabalhando para nos roubar a vitória da Revolução Americana de 1776. Se o leitor não estiver familiarizado com a Nobreza Negra, é de notar que o termo não se refere ao povo Negro. Refere-se a um grupo de pessoas extremamente ricas, dinastias, cuja história remonta a mais de quinhentos anos e que formam a espinha dorsal do Comité dos 300.

Na frente internacional, bem como nas áreas das instituições norte-americanas que decidem a política externa, Tavistock pratica o perfil psicológico a todos os níveis do governo, bem como a intrusão na vida privada, a uma escala verdadeiramente vasta.

A Tavistock desenvolveu perfis e programas para o Clube de Roma, a Fundação Cini, o Fundo Marshall alemão, a Fundação Rockefeller, os Bilderbergers, o CFR e a Comissão Trilateral, a Fundação Ditchley, o Banco de Pagamentos Internacionais, o FMI, a ONU e o Banco Mundial, a Microsoft, o Citibank, a Bolsa de Valores de Nova Iorque, e assim por diante. Esta lista de instituições nas mãos dos planificadores Tavistock está longe de ser exaustiva.

A barragem de propaganda que precedeu a Guerra do Golfo de 1991 foi baseada no perfil psicológico de enormes grupos de pessoas nos EUA pela Tavistock. Os resultados foram transmitidos aos formadores de opinião, também conhecidos como as "agências de publicidade" na Madison Avenue.

Esta propaganda foi tão eficaz que em duas semanas, pessoas que nem sequer sabiam onde estava o Iraque no mapa, quanto mais quem eram os seus líderes, começaram a gritar e a apelar à guerra contra "um ditador que ameaça os interesses da América". Assustador? SIM, mas infelizmente 100% verdade! As próprias palavras "crise do Golfo" foram cunhadas pelo Instituto Tavistock para obter o máximo apoio para a guerra de Bush em nome de um comité de 300 pessoas cuja principal companhia naval é a British Petroleum (BP).

Sabemos agora - pelo menos alguns de nós - o importante papel que Tavistock desempenha na criação de uma opinião pública baseada na ofuscação, mentiras, encobrimentos, distorção e fraude total. Nenhuma outra instituição no mundo pode igualar o Tavistock Institute for Human Relations. Citação do meu relatório actualizado de 1984:

> "Há algumas instituições e empresas editoriais que estão a perceber as mudanças que estão a acontecer. A última edição da *revista Esquire* tem um artigo intitulado "Discovering America". *Esquire* não menciona Tavistock pelo nome, mas eis o que diz: Durante a revolução social (uma frase muito significativa) dos anos 70, a maioria dos rituais e interacções pessoais, bem como a vida institucional, foram radicalmente alterados. Naturalmente, estas mudanças afectaram a forma como percebemos o futuro... A base económica da América está a mudar e estão a ser oferecidos novos serviços e produtos".

O artigo continua a dizer que as nossas vidas profissionais, os nossos tempos livres, os nossos sistemas educativos estão a ser alterados e, mais importante ainda, o pensamento dos nossos filhos está a ser alterado. O autor do artigo do *Esquire* conclui:

> "A América está a mudar, assim como a direcção que vai tomar no futuro... Ocasionalmente, a nossa nova secção americana (prometida para futuras edições do *Esquire*) não parecerá tão nova, uma vez que a maior parte do novo pensamento entrou na corrente dominante da vida americana, mas até agora passou despercebida".

Não poderia ter dado uma descrição mais apropriada da falácia "o tempo muda as coisas". **Nada muda por si só, todas as mudanças são concebidas, seja em segredo ou em público.** Embora *a Esquire* não tenha dito quem é responsável pelas mudanças - sobretudo mudanças indesejadas - a que nós, o povo, tentámos resistir.

Esquire não é o único a fazer esta afirmação. Milhões de americanos vivem na ignorância total das forças que moldam o seu futuro. Eles desconhecem que a América está completamente "condicionada" pelo "método de penetração doméstica direccional de longo alcance" de Tavistock. O pior é que estes milhões de pessoas, devido ao condicionamento do Tavistock (que faz com que os americanos pensem como o Tavistock gostaria que eles pensassem), já não parecem importar-se. Foram "condicionados internamente" pela "penetração de longo alcance" - o plano mestre de controlo posto em prática por Tavistock para fazer lavagem cerebral à nação durante tanto tempo que agora sofrem de um estado constante de "choque de concha".

Como veremos, há boas razões para esta apatia e ignorância. As mudanças forçadas e indesejadas a que fomos submetidos como nação são o trabalho de vários teóricos e técnicos mestres que se juntaram a John Rawlings Reese no Instituto Tavistock.

CAPÍTULO 24

A lavagem ao cérebro salva um presidente dos EUA

Atrever-me-ia a dizer que mesmo depois de todos os meus anos a expor Reese e o seu trabalho, 95% dos americanos não sabem quem ele é ou que mal fez à América.

Este grande número dos nossos cidadãos ainda desconhece totalmente como foram manipulados e forçados a aceitar "novas ideias", "novas culturas" e "novas religiões". Foram grosseiramente violados e não o sabem. Ainda estão a ser violados e ainda não sabem o que se passa, especialmente quando se trata de formar uma opinião através de sondagens.

Para ilustrar o meu ponto de vista, o ex-Presidente Clinton conseguiu sobreviver a um escândalo atrás do outro graças a sondagens que mostraram que o povo americano não se preocupava o suficiente com o seu comportamento estranho para apelar a um processo de impeachment. Poderá isto ser verdade? Poderá ser verdade que as pessoas já não se preocupam realmente com a moralidade pública? Claro que não!

Esta é uma situação artificial ensinada pelo Instituto Tavistock e cada contador é treinado nos métodos Tavistock de formação de opinião e manipulação da opinião pública, de modo a que as respostas "soem verdadeiras".

Podemos acrescentar o Presidente G. W. Bush para os "sobreviventes". Não foi destituído do cargo apesar das mentiras flagrantes que foram utilizadas para iniciar uma guerra ilegal (inconstitucional) no Iraque. É inconstitucional porque a guerra nunca foi declarada de acordo com a Constituição.

Além disso, não há nenhuma disposição na Constituição dos EUA que permita aos EUA atacar outra nação que não tenha cometido actos beligerantes contra ela. Como é que o Presidente Bush conseguiu escapar a isto sem ser destituído? A resposta está no Instituto Tavistock e nas suas capacidades de lavagem ao cérebro em massa.

Uma das primeiras tarefas empreendidas por Tavistock após o lançamento da guerra total contra os Estados Unidos em 1946 foi forçar o povo americano a aceitar "estilos de vida alternativos". Os documentos Tavistock mostraram como os líderes de uma campanha para forçar a aceitação pública legal de grupos cujo comportamento foi, até as mudanças serem forçadas através do Congresso, reconhecido como crime em quase todos os estados da União, e em alguns estados continua a ser um crime. Refiro-me ao "estilo de vida gay" como é conhecido hoje em dia.

O perfil cuidadoso que foi realizado antes do lançamento deste programa de 'mudança' não foi acreditado pelos não iniciados, que o descartaram como 'ficção científica horrível', apesar de ter sido explicado nos termos mais simples. Uma grande maioria dos americanos nunca ouviu (e ainda não sabe em 2005) que o Instituto Tavistock entrou em guerra com eles em 1946, nem que o povo perdeu essa guerra desde então.

Tavistock virou a sua atenção para os Estados Unidos no final da Segunda Guerra Mundial. Os métodos que derrubaram a Alemanha foram utilizados contra os Estados Unidos. A lavagem cerebral maciça da nossa nação foi chamada "Penetração de Longo Alcance" e "Acondicionamento Direccional Interno".

O principal objectivo desta empresa era instalar programas socialistas a todos os níveis de governo, abrindo assim o caminho para uma nova era negra, uma nova ordem mundial dentro de um único governo, uma ditadura comunista.

Em particular, foi concebido para quebrar a santidade do casamento e da vida familiar. E visava também a Constituição, para "torná-la ineficaz". Homossexualidade, lesbianismo e aborto são programas concebidos por Tavistock, tal como o objectivo de "mudar" a Constituição dos EUA.

A maioria dos programas do Tavistock baseia-se na eleição dos candidatos "certos", com a ajuda dos seus inquiridores treinados e das suas perguntas inteligentes. O projecto "estilo de vida gay" de Tavistock incluiu a criação de várias unidades de "task force" para ajudar os media a encobrir o ataque aos homossexuais e fazer com que os cruzados do "novo estilo de vida" parecessem "apenas mais uma pessoa".

Os talk shows são agora parte integrante destes planos, mas na altura não eram tão amplamente utilizados para provocar mudanças sociais como são hoje. Os líderes escolhidos por Tavistock para promover mudanças sociais e políticas significativas através de talk shows foram Phil Donahue e Geraldo Riviera, Bill O'Reilly, Barbara Walters e muitos outros cujos nomes se tornaram familiares na América. Eram eles que promoviam as pessoas que se candidatariam ao cargo; pessoas que, até agora, teriam sido riscadas da plataforma. Mas agora, graças ao uso hábil das sondagens, estas pessoas estão a ser levadas a sério.

O planeamento que foi feito para preparar o público através dos apresentadores de programas de televisão, custou milhões de dólares para implementar este plano de longo prazo de mudança social forçado pelo Tavistock, e como os resultados mostram, o Tavistock fez os seus trabalhos de casa. Com toda a minha experiência, ainda me surpreende a forma como esta grande jogada foi conseguida.

Comunidades inteiras em toda a nação foram perfiladas; convidados de talk show e o seu público foram seleccionados de acordo com o seu perfil, sem nunca se aperceberem do que estava a ser feito sem o seu conhecimento e consentimento. Os americanos foram enganados em grande escala e não o sabiam na altura e não o sabem agora! Nem sabiam que o Instituto Tavistock para as Relações Humanas lhes estava a dar chicotadas.

Finalmente, após três anos de preparação, o ataque

sodomita/lesbiano de Tavistock a um povo americano totalmente insuspeito pode ser comparado à tempestade que se abateu sobre a insuspeita nação francesa na altura da Revolução Francesa.

A campanha bem planeada e executada começou na Florida, como planeado, e exactamente como planeado, Anita Bryant apresentou-se para pegar em armas contra os invasores da "comunidade gay" - palavras cuidadosamente seleccionadas por Tavistock, que agora se tornaram totalmente aceitáveis. Antes deste episódio, a palavra 'gay' nunca foi utilizada para descrever os homossexuais ou o seu comportamento.

Tavistock foi fundado em 1921 como sucessor da Wellington House, que tinha conseguido um grande golpe em 1914 e 1917, e, como já dissemos, levou a Grã-Bretanha e a América a uma guerra selvagem com a Alemanha.

Tavistock deveria servir como o principal instrumento de investigação para os serviços de inteligência britânicos, que continuam a ser os melhores do mundo. O Major e mais tarde Brigadeiro-General John Rawlings Reese, encomendado pelo monarca, foram escolhidos para liderar o projecto. A Família Real Britânica financiou o projecto com a ajuda dos Rockefellers e Rothschilds.

Em meados da Segunda Guerra Mundial, Tavistock recebeu financiamento adicional de David Rockefeller em troca da sua ajuda para assumir os serviços secretos alemães do antigo Reynard Heydrich. Todo o aparelho e pessoal do brilhante serviço de segurança nazi foi transportado para Washington, D.C., em violação da lei suprema da terra. Começou a chamar-se "Interpol".

Durante a Segunda Guerra Mundial, as instalações Tavistock em Londres e Sussex serviram de quartel-general do gabinete de guerra psicológica do Exército Britânico.

De facto, graças ao acordo de "melhor amigo" entre Churchill e Roosevelt, Tavistock conseguiu assumir o controlo total da inteligência e política militar dos EUA através do Executivo de Operações Especiais (SOE) e manteve esse controlo durante toda a Segunda Guerra Mundial. Eisenhower foi seleccionado pelo Comité de 300 para se tornar o General Comandante das Forças Aliadas na Europa, mas só depois de um extenso perfil por Tavistock. Foi então nomeado para a Casa Branca. Eisenhower foi autorizado a manter o seu lugar na Casa Branca até que, com a sua utilidade esgotada e as memórias da guerra a desaparecerem, foi removido. A amargura de Eisenhower sobre o tratamento que recebeu das mãos do Comité dos 300 e do Instituto Tavistock reflecte-se nas suas declarações sobre os perigos colocados pelo complexo militar-industrial - uma referência velada aos seus antigos patrões, os "Olimpíadas".

O livro *Committee of 300*[9] conta a história completa deste corpo ultra-secreto e ultra-elicioso de homens que governam o mundo. O Comité dos 300 tem à sua disposição uma vasta e interligada rede de bancos, empresas financeiras, meios de comunicação impressos e em linha, grandes "think tanks", novos cientistas científicos que são realmente os criadores modernos do que passa para a opinião pública moldada pelos seus sondadores de opinião nacionais, e assim por diante. Actualmente, mais de 450 das maiores empresas da Fortune 500 estão sob o domínio do Comité das 300.

Estes incluem Petro-Canada, Hong Kong e Shanghai Bank, Halliburton, Root, Kellogg e Brown, British Petroleum, Shell, Xerox, Rank, Raytheon, ITT, Eagle Insurance, todas as principais companhias de seguros, todas as principais companhias e organizações nos EUA, Grã-Bretanha e Canadá. O chamado movimento ambiental é inteiramente controlado pelo Comité, através do Instituto Tavistock.

A maioria das pessoas tende a acreditar que a "lavagem ao cérebro" é uma técnica coreana/chinesa. Não é este o caso. A lavagem ao cérebro pode ser rastreada até Tavistock, que originou a arte. A ciência da modificação do comportamento teve origem no Tavistock, que treinou um exército de oficiais de inteligência para fazer o mesmo.

---

[9] Publicado por Omnia Veritas Limited, www.omnia-veritas.com.

Os Estados Unidos, talvez mais do que qualquer outro país, sentiram o punho do Tavistock na nossa vida nacional a quase todos os níveis, e o seu domínio sobre este país não diminuiu: Pelo contrário, com o advento de William Jefferson Clinton e Bush, pai e filho, apertou-se consideravelmente. Fizeram-nos uma verdadeira lavagem ao cérebro em 1992 e 1996. Somos verdadeiramente uma nação vítima de lavagem ao cérebro em 2005. Os Estados Unidos são a principal vítima da guerra de penetração de longo alcance utilizando as técnicas de Reese.

Outros países vítimas foram a Rodésia (actualmente Zimbabwe), Angola, África do Sul, Filipinas, Coreia do Sul, América Central, Irão, Iraque, Sérvia, Jugoslávia e Venezuela.

A técnica não funciona no Iraque e no Irão e, em geral, os países muçulmanos parecem menos receptivos aos métodos de controlo da população em massa de Tavistock do que os países ocidentais.

Não há dúvida que a sua estrita adesão às leis do Alcorão e à sua fé islâmica foi o que derrotou os planos de Tavistock para o Médio Oriente, pelo menos temporariamente. Consequentemente, foi montada uma campanha concertada para travar uma guerra contra o mundo muçulmano.

O sucesso de Reese em forçar a mudança num vasto leque de países reflecte-se nos acontecimentos desde então. Em casa, a Tavistock remodelou toda uma série de grandes instituições americanas, tanto privadas como governamentais, incluindo as nossas agências de inteligência, unidades do Pentágono, comissões do Congresso, grandes empresas, o mundo do entretenimento, etc.

CAPÍTULO 25

A agressão de Tavistock aos EUA

Um dos principais jogadores da equipa Tavistock foi o Dr. Kurt Lewin. Nascido na Alemanha, foi forçado a fugir quando as suas experiências de controlo populacional foram descobertas pelo governo alemão. Lewin já era bem conhecido de Reese - os dois homens tinham cooperado extensivamente nas sondagens e em experiências semelhantes de formação de opinião. Diz-se que o Dr. Goebbels adoptou com entusiasmo os métodos de Tavistock.

Lewin fugiu para Inglaterra, onde se juntou a Reese no Tavistock e recebeu a sua primeira grande tarefa: conseguiu de forma admirável o que se revelou ser a maior campanha de propaganda da história, uma campanha que enviou o povo americano para um frenesim de ódio contra a Alemanha e, mais tarde, contra o Japão. A blitz acabou por custar a vida de centenas de milhares de soldados americanos e derramou milhares de milhões de dólares nos cofres de Wall Street, nos bancos internacionais e nos traficantes de armas.

As nossas perdas em vidas humanas e tesouros nacionais não podem ser recuperadas.

Pouco antes do ataque ao Iraque, os Estados Unidos foram sujeitos a uma explosão de propaganda apenas ligeiramente inferior à que se desenvolveu para conduzir os EUA à Segunda Guerra Mundial. Análises cuidadosas das palavras e frases-chave desenvolvidas por Lewin para a Segunda Guerra Mundial mostraram que em 93,6% dos casos examinados, estas palavras e frases desencadeadoras correspondiam às utilizadas na Guerra da Coreia, na Guerra do Vietname e na Guerra do Golfo.

Na altura da Guerra do Vietname, as sondagens utilizando a metodologia Tavistock foram utilizadas com efeitos devastadores contra o povo americano.

Durante a Guerra do Golfo, um exemplo dos métodos de Tavistock foi a forma como o Departamento de Estado continuou a referir-se ao pessoal da sua embaixada no Kuwait como "reféns", quando nenhum deles foi alguma vez encarcerado. De facto, cada um deles era livre de partir a qualquer momento, mas foi-lhes ordenado que ficassem no Kuwait para que pudessem propagandizar a sua situação.

Na realidade, os "reféns" eram reféns do Departamento de Estado! Incapaz de levar o Presidente Hussein a disparar os primeiros tiros, outra "situação artificial" como Pearl Harbor teve de ser engendrada. Abril O nome da Glaspie será para sempre associado a traição e infâmia. Seguiu-se um roubo elaborado de milhões de barris de petróleo iraquiano pelo Kuwait. Hussein recebeu "luz verde" do embaixador dos EUA em Bagdade, April Gillespie, para atacar o Iraque e pôr fim a uma situação que estava a custar ao povo iraquiano milhares de milhões de dólares. Mas quando o ataque foi montado, Bush, o Ancião, não perdeu tempo a enviar os militares americanos para ajudar o Kuwait.

O Presidente Bush tem vindo a construir apoio contra o Iraque, utilizando a falsa alegação de "reféns". É aqui que o Instituto Tavistock irá falhar: Embora tenha conseguido convencer a maioria dos americanos de que as nossas políticas para o Médio Oriente estão correctas, Tavistock não conseguiu tomar o controlo da Síria, Irão, Iraque, Argélia e Arábia Saudita.

É neste ponto que o plano desonesto de Tavistock de eliminar as nações árabes dos seus colapsos petrolíferos. Os dias em que o MI6 podia enviar "árabes" como os Philbys e o Capitão Hill para minar os estados muçulmanos já lá vão há muito tempo.

Os países árabes aprenderam com os seus erros, e hoje confiam muito menos no governo britânico do que no início da Primeira Guerra Mundial. A ditadura de Mubarak, no Egipto, está em apuros. Os fundamentalistas muçulmanos procuram tornar o turismo inseguro, e o Egipto depende de moeda estrangeira forte para o manter, para além dos 3 mil milhões de dólares de doação anual do contribuinte americano. Da mesma forma, a Síria não se manterá por muito tempo fiel às políticas dos EUA que favorecem Israel à custa dos palestinianos.

Em casa, milhares de milhões de dólares foram depositados nos cofres do Tavistock pelo governo americano: Entre os destinatários destes milhares de milhões de dólares estão os Laboratórios Nacionais de Formação, a Clínica Psicológica de Harvard, a Escola Wharton, o Instituto Hoover de Stanford, Rand, o MIT, o Instituto Nacional de Saúde Mental, a Universidade de Georgetown, o Instituto Esalen, o Centro de Estudos Avançados em Ciências Comportamentais, o Instituto de Investigação Social de Michigan, e muitos outros grupos de reflexão e instituições de ensino superior.

A tarefa de criar estes ramos nos Estados Unidos nos serviços de inteligência em todo o mundo foi dada a Kurt Lewin, que já conhecemos antes, mas cujo nome provavelmente não era conhecido por mais de 100 pessoas antes da minha história no Tavistock ter vindo à luz. No entanto, este homem e John Rawlings Reese fizeram mais para prejudicar as instituições nas quais a República Americana repousa do que qualquer coisa que Hitler ou Estaline poderiam ter conseguido. Como Tavistock desvendou a teia e trama do nosso tecido social que mantém a nação unida é uma história arrepiante e assustadora da qual a "normalização" dos estilos de vida gay e lésbica é apenas um pequeno mas importante feito; um feito muito maior e mais assustador tem sido o sucesso da lavagem ao cérebro em massa através de sondagens de opinião.

Porque é que as técnicas Tavistock de Reese funcionam tão bem na prática? Reese aperfeiçoou as suas experiências de lavagem cerebral em massa com testes de stress, ou choques psicológicos, também conhecidos como eventos stressantes. A teoria de Reese, agora amplamente comprovada, era que se populações inteiras pudessem ser submetidas a testes de stress, então seria possível determinar antecipadamente quais seriam as reacções da população a determinados eventos stressantes.

Muito explicitamente, esta técnica está no centro da criação da opinião pública desejada através de sondagens, que foi utilizada com efeito devastador para proteger a administração Clinton dos escândalos que irromperam em torno da Casa Branca, e que agora protege Bush Jr. de ser expulso da Casa Branca.

CAPÍTULO 26

Como os políticos, actores e cantores medíocres são "promovidos

Esta técnica, conhecida como 'perfilagem', pode ser aplicada a indivíduos, pequenos ou grandes grupos de pessoas, grupos de massa e organizações de todas as dimensões. São então 'bombeados' para se tornarem 'estrelas'. Quando tinha apenas vinte e poucos anos no Arkansas, William Clinton foi perfilado para ser aceite no programa de bolsas de estudo de Rodes. O seu progresso foi perfilado ao longo da sua carreira, especialmente durante o período da Guerra do Vietname. Depois, depois de se ter provado a si próprio, Clinton foi "preparado" para a Casa Branca, depois constantemente "bombeado".

Toda a operação estava sob o controlo das lavadoras de cérebros do Instituto Tavistock. É assim que estas coisas funcionam. É assim que as ferramentas são forjadas para fabricar literalmente candidatos, especialmente aqueles considerados aptos para cargos públicos; candidatos com os quais se pode sempre contar para fazer a coisa "certa". O Congresso está cheio deles. Gingrich era um típico e bem sucedido "produto Tavistock" até que a sua conduta foi descoberta. Trent Lott, Dick Cheney, Charles Schumer, Barney Frank, Tom DeLay, Dennis Hastert, Dr. Frist, etc. são outros exemplos de Tavistock "graduados". A mesma técnica é aplicada a actores, cantores, músicos e artistas.

Foi utilizada propaganda pesada para convencer a população de que a indesejável "turbulência social ambiental" era o resultado da mudança epocal em que vivemos, quando, como agora sabemos, novos cientistas científicos conceberam programas (programas de stress) para criar artificialmente "turbulência social ambiental" e depois a transmitirem como resultado de uma condição natural, mais conhecida como "mudança epocal".

Os novos cientistas da Tavistock estavam convencidos de que não iríamos aplicar o princípio "para cada efeito deve haver uma causa" - e tinham razão. Por exemplo, aceitámos mansamente os 'Beatles', a sua 'nova música' e a sua letra - se ousarem chamar-lhe música e letra, porque nos disseram que a banda tinha escrito tudo sozinha.

De facto, a música foi escrita pelo graduado Tavistock Theo Adorno, cujos acordes de 12 tons foram afinados cientificamente para criar uma "turbulência social ambiental" em massa em toda a América. Nenhum dos Beatles conseguia ler música. No entanto, foram "empolgados" dia e noite sem se deixarem levar até que tudo sobre eles, mentiras e tudo, fosse aceite como verdade.

Tavistock tem provado repetidamente que quando um grande grupo é perfilado com sucesso, pode ser sujeito a "condicionamento direccional interno" em praticamente todos os aspectos da vida social e política. Parte integrante das experiências de controlo da mente em massa do Tavistock nos Estados Unidos desde 1946, as sondagens e tomadas de posição têm sido de longe os seus empreendimentos de maior sucesso. A América foi enganada e não o sabia.

Para provar o sucesso das suas técnicas, Reese pediu a Tavistock que testasse um grande grupo de pessoas sobre um tema relacionado com conspiração. Verificou-se que 97,6% dos inquiridos rejeitaram categoricamente a ideia de que existe uma conspiração global. Até que ponto o nosso povo não acreditaria ter sido directamente atacado pelo Tavistock durante os últimos 56 anos? Temos apresentadores de programas de rádio como Rush Limbaugh, que repetidamente dizem às suas audiências que não há conspiração.

Quantas pessoas acreditariam que nos últimos 56 anos Tavistock tem enviado um exército invisível de tropas de choque para cada aldeia, aldeia, vila e cidade do nosso país? A tarefa deste exército invisível é infiltrar-se, alterar e modificar o comportamento social colectivo, por meio de "condicionamento direccional interior".

O "exército invisível" de Reese é constituído por verdadeiros profissionais que conhecem o seu trabalho e que se dedicam à tarefa em mãos. Encontram-se agora em tribunais, departamentos de polícia, igrejas, conselhos escolares, organismos desportivos, jornais, estúdios de televisão, conselhos consultivos governamentais, conselhos municipais, legislaturas estatais, e são uma legião em Washington. Eles concorrem para tudo, desde vereador a xerife a juiz, desde membro do conselho escolar a vereador da cidade, e até mesmo para Presidente dos Estados Unidos da América. Como este sistema funciona foi explicado por John Rawlings Reese em 1954:

> "A sua função é aplicar as técnicas avançadas de guerra psicológica tal como as conhecemos a grupos inteiros de pessoas que continuarão a crescer, para que possam controlar mais facilmente populações inteiras. Num mundo completamente louco, grupos de psicólogos ligados a Tavistock, capazes de influenciar o campo político e governamental, devem ser árbitros, a cabala do poder".

Será que esta confissão franca convencerá os cépticos da conspiração? Provavelmente não, pois é duvidoso que tais mentes fechadas pudessem ter qualquer conhecimento real destas coisas. Tal informação é desperdiçada nas "cabeças falantes" da rádio.

Um dos directores do exército invisível de Reese era Ronald Lippert, cuja especialidade era manipular a mente das crianças.

O Dr. Fred Emery, outro dos "psicólogos ligados" de Tavistock, fez parte da direcção da Comissão Kerner do Presidente Johnson.

Emery foi o que Tavistock chamou um especialista em "turbulência social ambiental", cuja premissa é que quando todo um grupo populacional é sujeito a crises sociais, ele decompõe-se em idealismo sinóptico e eventualmente fragmentos, ou seja, desiste de tentar lidar com o problema ou problemas.

A palavra "ambiental" nada tem a ver com questões ecológicas, mas refere-se ao ambiente específico em que o especialista se instalou com a intenção específica de criar problemas - "turbulência" ou "padrões de stress".

Este já é o caso do rock and roll, drogas, amor livre (aborto), sodomia, lesbianismo, pornografia, gangues de rua, um ataque constante à vida familiar, a instituição do casamento, a ordem social, a Constituição e especialmente as 2 e 10 emendas.

Onde isto aconteceu, encontramos comunidades impotentes face a um sistema judicial quebrado, conselhos escolares a ensinar a evolução, menores a serem encorajados a comprar preservativos, e mesmo "direitos das crianças". Direitos das crianças" significa geralmente que as crianças devem ser autorizadas a desobedecer aos seus pais, um elemento-chave do programa socialista de "cuidados infantis". Membros do exército invisível de Reese estão entrincheirados na Câmara e no Senado, nos militares, na polícia e em praticamente todos os gabinetes governamentais do país.

Depois de estudar o estado da Califórnia, cheguei à conclusão de que possui o maior contingente de tropas de choque do "Exército Invisível" do país, o que fez da Califórnia algo muito próximo de um estado socialista, policial. Acredito que a Califórnia será o "modelo" para o resto da nação.

Actualmente, não existe nenhuma lei que torne esse condicionamento ilegal. Reese e Lewin pesquisaram as leis em Inglaterra e nos Estados Unidos e concluíram que era legal "condicionar" uma pessoa sem o seu consentimento ou conhecimento.

Precisamos de mudar isto. As sondagens são uma parte integrante do "condicionamento". O "exército invisível" das tropas de choque de Tavistock mudou a forma como a América pensa sobre música rock, sexo antes do casamento, consumo de drogas, crianças nascidas fora do casamento, promiscuidade, casamento, divórcio, vida familiar, aborto, homossexualidade e lesbianismo, a Constituição, e sim, até mesmo assassinato, para não mencionar o facto de que a ausência de moralidade é aceitável desde que se faça um bom trabalho.

Nos primeiros anos da Tavistock, o "conceito de grupo sem líderes" foi utilizado para moer a América tal como a conhecemos em pó. O líder do projecto foi W.R. Bion, que durante anos dirigiu a Wharton School of Economics, onde são ensinados disparates como o comércio livre e a economia keynesiana. O Japão tem-se mantido fiel ao modelo americano ensinado pelo General McArthur - e não à fraude da Wharton School - e olha para o Japão hoje em dia. Não culpe os japoneses pelo seu sucesso - culpe o Tavistock pela destruição do nosso sistema económico. Mas a vez do Japão está a chegar! Nenhuma nação será poupada no assalto final para estabelecer um governo mundial único numa nova ordem mundial.

O "Brain Trust" responsável pela Guerra de Tavistock contra a América (1946), incluiu Bernays, Lewin, Byron, Margaret Meade, Gregory Bateson, H. V. Dicks, Lippert, Nesbit e Eric Trist. Onde foram treinadas as tropas de choque do "Exército Invisível"? Na Reese's em Tavistock, de onde se espalharam pela América para semear os seus "padrões de stress de turbulência social ambiental".

Espalharam-se por todos os níveis da sociedade americana, ganhando posições em locais onde podiam exercer a influência que Reese lhes tinha ensinado a usar. As decisões tomadas pelo exército invisível de tropas de choque têm afectado profundamente a América a todos os níveis, e o pior ainda está para vir.

Para citar apenas algumas das principais tropas de choque, George Schultz, Alexander Haig, Larry King, Phil Donahue, Almirante Burkley (profundamente envolvido no encobrimento dos assassinos Kennedy), Richard Armitage, Billy Graham, William Paley, William Buckley, Pamela Harriman (desde que falecido), Henry Kissinger, George Bush, e a falecida Katherine Meyer Graham, e não esqueçamos a caravana que chegou a Washington vinda do Arkansas em 1992, liderada pelo Sr. e a Sra. Clinton, cuja nação em breve seria dilacerada. e a Sra.

Clinton, cuja nação estava prestes a ser dilacerada. Os recém-chegados incluem Rush Limbaugh, Bill O'Reilly, Larry King e Karl Rove.

Os líderes empresariais que fazem parte das tropas de choque são uma legião, demasiados para serem listados aqui. Milhares destas tropas de choque do Exército Invisível da Brigada de Negócios apareceram na conferência de Tavistock.

As instalações americanas, o Laboratório Nacional de Formação (NTL), começou a vida na espraiada propriedade de Nova Iorque de Averill e Pamela Harriman. Como agora sabemos, foi Harriman quem seleccionou Clinton para formação especial e, em última análise, para a Sala Oval.

No Laboratório Nacional de Formação, os executivos da empresa foram formados em situações de stress e como lidar com elas. As empresas que enviaram os seus executivos seniores para o NTC para formação Tavistock incluem a Westinghouse, B.F. Goodrich, Alcoa, Halliburton, BP, Shell, Mobil-Exxon Eli Lily, DuPont, New York Stock Exchange, Archer Daniels Midland, Shell Oil. Mobil Oil, Conoco, Nestlé, AT&T, IBM e Microsoft. Pior ainda, o governo dos EUA enviou o seu pessoal superior da Marinha dos EUA, do Departamento de Estado dos EUA, da Comissão da Função Pública e da Força Aérea. Os seus impostos, em milhões, pagaram pela "educação" que Tavistock deu a estes funcionários do governo na Arden House, na propriedade Harriman.

CAPÍTULO 27

A fórmula Tavistock que levou os EUA à Segunda Guerra Mundial

Talvez o aspecto mais importante da sua formação seja a utilização de sondagens para assegurar que a política pública está em conformidade com o que os objectivos da Tavistock consideram desejável. Esta técnica de alteração da mente é chamada 'sondagem de opinião'.

As respostas inadequadas tornadas possíveis pelo perfil em grande escala de Tavistock, e nas quais as respostas inadequadas do "exército invisível" de Tavistock funcionaram na perfeição durante a Guerra do Golfo.

Em vez de nos revoltarmos contra o arrastamento desta nação para uma guerra contra um país amigo com o qual não tínhamos qualquer desentendimento, uma guerra começou sem uma declaração de guerra adequada por parte do Congresso, fomos "virados" a seu favor. Em suma, temos sido seriamente enganados sem o saber, devido ao "condicionamento interno de longo prazo" que o povo americano tem vindo a sofrer desde 1946.

Tavistock aconselhou o Presidente Bush o Ancião a usar a seguinte fórmula simples, que Reese e Lewin pediram a Allen Dulles para usar em 1941, quando Roosevelt se preparava para arrastar a América para a Segunda Guerra Mundial:

(1) Qual é o estado de moral e a sua provável evolução no país alvo? (Isto também se aplica ao moral nos EUA).

(2) Quão sensíveis são os EUA à ideia de que é necessária uma

guerra no Golfo Pérsico?

(3) Que técnicas poderiam ser utilizadas para enfraquecer a oposição dos EUA à guerra no Golfo Pérsico?

(4) Que tipo de técnicas de guerra psicológica conseguiriam minar o moral do povo iraquiano? (Foi aqui que Tavistock deu um passo muito mau).

Assim que Bush se comprometeu com a Guerra do Golfo de 1991 do Primeiro-Ministro Thatcher em nome da Rainha Elizabeth e da sua companhia petrolífera BP, Tavistock reuniu uma equipa de psicólogos, criadores de opinião pública, liderados pelos mentirosos descarados de Hill and Knowlton, e uma série de profilers Tavistock. Cada um dos discursos do Presidente Bush para promover a guerra no Iraque foi escrito por equipas multidisciplinares de escritores formados por Tavistock.

Informação ultra-secreta sobre como a Guerra do Golfo foi propagada e como o Presidente George Bush influenciou o povo americano por detrás desta guerra viciosa e corrupta foi recentemente divulgada a uma comissão do Congresso. O relatório diz que numa fase inicial do plano para eliminar o Iraque, foi dito à administração Bush que o apoio público era primordial e que não tinha o povo americano por trás dele.

A primeira regra era estabelecer na mente do povo americano a "grande necessidade de proteger os campos de petróleo sauditas ameaçados por uma invasão iraquiana sob a liderança de um louco". Assim, embora se soubesse desde o início que o Iraque não tinha qualquer intenção de atacar os campos petrolíferos sauditas, a Agência Nacional de Segurança (NSA) divulgou informações falsas e enganosas de que os campos petrolíferos sauditas eram o alvo final do Iraque. Esta foi uma fabricação total, mas foi a chave para o sucesso. A Agência Nacional de Segurança nunca foi sancionada pela sua conduta enganosa.

A reportagem afirmava que seria necessária uma cobertura televisiva sem precedentes para construir um apoio público à guerra. A administração Bush assegurou desde cedo a cooperação total das três principais redes, ABC, CBS e NBC, e depois a CNN. Mais tarde, uma estação de propaganda virtual, a Fox News (também conhecida como Faux News) foi acrescentada. Em 1990, a cobertura da Guerra do Golfo e assuntos relacionados por estas redes era três vezes maior do que qualquer outra história coberta em 1989, e uma vez iniciada a guerra, a cobertura era cinco vezes maior do que qualquer outra história, incluindo a Praça Tiananmen.

Em 2003, Bush Jr. seguiu de muito perto a fórmula que tinha trabalhado para o seu pai, mas com algumas adaptações adicionais. Notícias misturadas com ficção (ver a secção sobre H.G. Wells' 'Guerra dos Mundos') tornaram-se mais ficção misturada com notícias, e foram utilizadas mentiras flagrantes, de modo que se tornou impossível distinguir as reportagens directas das notícias misturadas com ficção.

Um dos principais actores na cobertura da guerra foi a CNN, que contratou com a administração Bush para trazer a Guerra do Golfo para as salas de estar americanas 24 horas por dia. Graças à massa de notícias favoráveis e tendenciosas, o envio de tropas para o Golfo foi bem recebido por cerca de 90% dos americanos. Foi apenas mais uma forma de sondagem ao povo americano, outra forma de lavagem ao cérebro.

Os consultores da Agência Nacional de Segurança (NSA) disseram à administração Bush que, desde o início, o público tinha de ser persuadido a seguir os seus planos para a Guerra do Golfo. Foi decidido criar um paralelo entre Hitler e Saddam Hussein, com as palavras "Saddam Hussein deve ser detido" repetidas vezes, seguidas da mentira de que o presidente iraquiano "age como Hitler".

Mais tarde, foi acrescentada uma terrível ameaça, nomeadamente que o Iraque tinha a capacidade de atacar os EUA com armas de destruição maciça de longo alcance. Esta foi uma adaptação do édito de Estaline que, para se capturar e escravizar o próprio povo, é preciso primeiro aterrorizá-lo.

O primeiro-ministro britânico Blair foi ainda mais longe. Falando no Parlamento, disse ao povo britânico que "Saddam Hussein" tinha a capacidade de atacar a Grã-Bretanha e que o poderia fazer em 45 minutos. Foi ao ponto de avisar os turistas britânicos em férias em Chipre para regressarem à Grã-Bretanha o mais depressa possível porque os serviços secretos britânicos tinham tomado conhecimento de que o Iraque se estava a preparar para lançar um ataque nuclear contra a ilha. Blair fez o seu anúncio com pleno conhecimento de que o programa de armas nucleares do Iraque tinha sido completamente destruído em 1991.

A "habilidade" da primeira administração Bush em comunicar a necessidade de guerra no Golfo culminou na história da "incubadora" fabricada por Hill and Knowlton e contada em lágrimas pela filha do embaixador do Kuwaiti em Washington. O Senado - e o país inteiro - engoliram esta fraude maciça.

Kaiser Wilhelm II voltou a "cortar os braços das crianças belgas jovens", com um sucesso ainda maior. Depois da "grande mentira" de Hill e Knowlton, 77% dos americanos inquiridos disseram que aprovavam a utilização de tropas americanas contra o Iraque, apesar de 65% dos inquiridos nem sequer saberem onde estava o Iraque no mapa.

Todas as grandes sondagens mostraram que a violação da Constituição por Bush foi aprovada, porque os inquiridos não faziam ideia do que era uma declaração de guerra constitucional ou de que esta era vinculativa. O papel desempenhado pelas Nações Unidas reforçou as "capacidades de comunicação" da administração Bush, afirma o relatório.

A segunda administração Bush utilizou os mesmos métodos Tavistock e mais uma vez o povo americano aceitou as mentiras e distorções que lhe foram apresentadas como factos. A guerra foi vigorosamente promovida pelo Vice-Presidente Cheney que liderou uma campanha maciça para forçar a opinião pública a tomar o partido de George Bush. Nenhum outro vice-presidente na história dos Estados Unidos tinha sido tão activo em forçar o povo americano a ir para a guerra com o Iraque.

Cheney apareceu na televisão 15 vezes num mês e declarou sem rodeios que os Talibãs estavam por detrás do ataque às torres do

World Trade Center em Nova Iorque e que os Talibãs estavam sob o controlo do Presidente Hussein. "A luta contra o terrorismo tinha de ser travada contra os 'terroristas' no Iraque", disse Cheney, "antes que eles pudessem atacar novamente os Estados Unidos.

Cheney continuou na mesma linha muito depois da sua reivindicação ter sido provada como absolutamente falsa. Embora as principais autoridades mundiais tenham anunciado que o Iraque nada tinha a ver com o 11 de Setembro e que não havia combatentes talibãs no Iraque, Cheney continuou a mentir, até que Hans Blix, o antigo chefe do inspector de armamento das Nações Unidas, o isolou e a Agência Central de Inteligência comunicou ao Senado dos EUA que não tinha sido encontrada qualquer ligação entre o Iraque, os talibãs e o 11 de Setembro.

De facto, de acordo com o relatório da CIA, Hussein odiava os Taliban e tinha-os expulsado do Iraque muitos anos antes. Publicamos esta informação na esperança de que o povo americano não seja tão ingénuo da próxima vez que o seu presidente quiser envolvê-lo numa guerra. Gostaríamos também que o povo americano soubesse que está a ser grosseiramente enganado por um grupo de reflexão estrangeiro que o engana constantemente sobre uma multiplicidade de questões.

Vejamos algumas destas questões e esperemos que o povo americano nunca mais seja enganado pelos "comunicadores" espertos.

O povo americano foi grosseiramente enganado sobre cinco grandes guerras, e isso deveria ser suficiente para qualquer nação. Mas infelizmente, os bombardeamentos ininterruptos do Iraque e da Sérvia por aviões EUA-Britânia mostraram que o povo americano nada aprendeu com a Guerra do Golfo e como ela foi iniciada, e que lhes mentiram e manipularam de uma forma muito repreensível.

A segunda Guerra do Golfo provou amplamente que os métodos de Tavistock ainda funcionam, tanto que a administração Bush recorreu a mentiras flagrantes, sabendo que mesmo que fossem descobertas, as suas mistificações seriam simplesmente ignoradas, pois o povo americano estava agora condicionado a um estado permanente de "choque", para não se preocupar com o que era uma situação muito grave para uma nação.

O que pode ser feito em relação ao estrangulamento que Tavistock e as suas muitas instituições afiliadas têm sobre o país, a Direita Cristã, o Congresso, as nossas agências de inteligência e o Departamento de Estado, um estrangulamento que se estende até ao Presidente e às nossas principais instituições militares? Como já disse, o principal problema é convencer a grande massa de americanos de que o que lhes está a acontecer e ao país não é um caso de "mudança de tempos" devido a circunstâncias fora do seu controlo, mas um enredo cuidadosamente elaborado, uma ameaça real a todos os nossos futuros, e não apenas uma teoria de "conspiração".

Podemos despertar a nação, mas apenas se for feito um esforço concertado a nível das bases. A solução para o problema reside na educação dos americanos e na tomada de medidas unificadas.

É imperativo educar milhões de pessoas sobre o que os manipuladores secretos fazem e, mais importante ainda, como e porque o fazem. É necessária uma acção constitucional urgente para o conseguir. Há muitos cidadãos líderes que têm o poder e os meios financeiros para lançar uma campanha de base. O que não queremos é um terceiro partido político.

Um movimento popular devidamente educado e concertado é a única forma (pelo menos na minha opinião) de recuperar o nosso país das forças sombrias e maléficas que o têm pela garganta. Juntos, num movimento popular, podemos libertar a América do domínio de potências estrangeiras, as potências que o Instituto Tavistock serve tão bem, potências estrangeiras que estão empenhadas em destruir a América tal como foi constituída pelos nossos Pais Fundadores.

Este trabalho sobre o Instituto Tavistock é outra 'estreia' na minha série sobre grandes organizações cujos nomes serão novos para a maioria dos leitores. Tavistock é o centro nervoso mais importante dos Estados Unidos, e tem envenenado e mudado progressivamente para pior todas as facetas das nossas vidas desde 1946, quando iniciou as suas operações na América do Norte.

A Tavistock desempenhou e continua a desempenhar o papel principal na formação das políticas americanas e dos eventos mundiais. É sem dúvida a mãe de todos os centros de controlo e condicionamento da mente no mundo. Nos Estados Unidos, exerce um controlo considerável sobre os assuntos correntes e influencia directamente o curso e a direcção dos think tanks americanos tais como Stanford Research, Esalen Institute, Wharton School, MIT, Hudson Institute, Heritage Foundation, Georgetown University e, mais directamente, estende a sua influência à Casa Branca e ao Departamento de Estado. Tavistock tem uma profunda influência no desenvolvimento da política interna e externa dos EUA.

Tavistock é um centro de estudos ao serviço da Nobreza Negra e daqueles dedicados à promoção da Nova Ordem Mundial dentro de um Governo Mundial Único.

Tavistock trabalha para o Clube de Roma, o CFR, a Comissão Trilateral, o Fundo Marshall Alemão, a Sociedade Mont Pelerin, o Grupo Ditchley, a Freemasonic Control Lodge Quator Coronati e o Banco de Compensações Internacionais.

CAPÍTULO 28

Como o Tavistock faz adoecer pessoas saudáveis

A história da Tavistock começa com o seu fundador, o Brigadeiro-General John Rawlings Reese, em 1921. Foi Reese quem desenvolveu os métodos de "lavagem ao cérebro" em massa do Tavistock. Tavistock foi fundado como um centro de investigação para os Serviços Secretos Britânicos (SIS). Foi Reese quem foi pioneiro no método de controlo de campanhas políticas, bem como nas técnicas de controlo da mente, que continuam até hoje, e foi Reese e Tavistock que ensinaram a URSS, Vietname do Norte, China e Vietname como aplicar as suas técnicas - tudo o que eles sempre quiseram saber sobre a lavagem ao cérebro de indivíduos ou massas de pessoas.

Reese era uma confidente próxima da falecida Margaret Meade e do seu marido Gregory Bateson, ambos desempenharam um papel importante na formação das instituições de política pública americanas. Era também amigo de Kurt Lewin, que foi expulso da Alemanha após ter sido acusado de ser um sionista activo. Lewin fugiu da Alemanha quando se tornou claro que o NSDAP iria controlar a Alemanha. Lewin tornou-se o director da Tavistock em 1932. Desempenhou um papel importante na preparação do povo americano para a entrada na Segunda Guerra Mundial. Lewin foi responsável pela organização da maior máquina de propaganda conhecida pela humanidade, que dirigiu contra toda a nação alemã. A máquina de Lewin foi responsável por chicotear a opinião pública americana a favor da guerra, criando um clima de ódio contra a Alemanha. O que tornou o método Reese tão bem sucedido? Basicamente, foi isto: As mesmas técnicas psicoterapêuticas utilizadas para tratar um doente mental poderiam ser aplicadas em sentido inverso.

Também poderia ser utilizado para tornar as pessoas saudáveis mentalmente doentes. Reese iniciou a sua longa série de experiências na década de 1930 utilizando recrutas do exército britânico como cobaias. A partir daí, Reese aperfeiçoou as técnicas de lavagem ao cérebro em massa, que depois aplicou aos países que prometeu mudar. Um desses países foi os Estados Unidos, que continua a ser o foco de Tavistock. Reese começou a aplicar as suas técnicas de modificação de comportamento ao povo americano em 1946. Poucas, se alguma, pessoas se apercebem da ameaça extrema que Reese representa para a América.

O Gabinete de Guerra Psicológica do Exército Britânico foi criado em Tavistock através de acordos secretos com Churchill, muito antes de se tornar primeiro-ministro. Estes acordos deram ao Executivo Britânico de Operações Especiais, comumente conhecido como SOE, o controlo total sobre as políticas das forças armadas dos EUA, actuando através de canais civis, que invariavelmente se tornaram a política oficial do governo dos EUA.

Este acordo ainda está firmemente em vigor, tão inaceitável para os americanos patriotas de hoje como o era quando foi estabelecido. Foi a descoberta deste acordo que levou o General Eisenhower a emitir o seu aviso histórico sobre o poder acumulado nas mãos do "complexo militar-industrial".

Para que possamos compreender a influência de Tavistock na vida política, social, religiosa e económica diária dos Estados Unidos, deixem-me explicar que foi Kurt Lewin, o segundo em comando, o responsável pela fundação das seguintes instituições americanas, muitas das quais foram responsáveis por profundas mudanças nas políticas externa e local dos Estados Unidos:

➢ A Clínica Psicológica de Harvard

➢ Instituto de Tecnologia de Massachusetts (MIT).

➢ O Comité Nacional da Moral

- ➢ A Corporação Rand
- ➢ O Conselho Nacional de Recursos de Defesa
- ➢ O Instituto Nacional de Saúde Mental
- ➢ Laboratórios nacionais de formação
- ➢ O Centro de Investigação de Stanford
- ➢ A Wharton School of Economics.
- ➢ O Departamento de Polícia de Nova Iorque
- ➢ O FBI
- ➢ A CIA
- ➢ O Instituto Rand

Lewin foi responsável pela selecção de pessoal-chave para estas e outras instituições de investigação de alto nível, incluindo Esalen, a Rand Corporation, a Força Aérea dos EUA, a Marinha, os Chefes do Estado-Maior e o Departamento de Estado. Mais tarde, Tavistock condicionou as pessoas seleccionadas para operar as instalações de modificação do tempo ELF em Wisconsin e Michigan para se defenderem contra as operadas a partir da Península de Kola na Rússia.

Foi através de instituições como Stanford e Rand que surgiu o infame projecto "MK Ultra"[10] . "MK Ultra" foi uma experiência de 20 anos utilizando LSD e outras drogas "alteradoras da mente", conduzida sob a direcção de Aldous Huxley e do guru do movimento "Banir a bomba", Bertrand Russell (o estadista mais proeminente do Comité dos 300), tudo para e em nome da CIA.

Durante a segunda Guerra do Golfo, agentes treinados por Tavistock mostraram ao General Miller dos EUA como utilizar a tortura sistemática para extrair "informação" dos prisioneiros muçulmanos detidos na prisão de Abu Graib no Iraque e na Baía

---

[10] Ver *MK - Ritual Abuse and Mind Control*, Alexandre Lebreton, Omnia Veritas Limited. www.omnia-veritas.com, ND

de Guantanamo em Cuba, o que chocou e enojou o mundo quando esta foi revelada. Com estas e outras drogas semelhantes que controlam a mente e alteram o humor, Lewin, Huxley e Russell foram capazes de causar danos incalculáveis à juventude americana dos quais nós, como nação, provavelmente nunca recuperaremos totalmente. As suas horríveis experiências com drogas foram realizadas fora do Centro de Investigação de Stanford, da Universidade McGill, do Hospital Naval de Bethesda, e dos locais do Exército dos EUA em todo o país.

É preciso repetir que o movimento, que surgiu entre a nossa juventude nas décadas de 1950 e 1960, conhecido como a "Nova Era" ou "Era de Aquário", foi um programa supervisionado pelo Tavistock. Não havia nada de espontâneo nisso. A nudez foi introduzida de acordo com as medidas tomadas para humilhar as mulheres.

Em 2005, a "nova" moda chamava-se "Hip-Hop", um tipo de jogo de dança jogado principalmente por crianças dos subúrbios mais pobres das cidades americanas. Foi tomada pelo Tavistock e transformada numa indústria própria, com os seus especialistas a escrever a "música e letra" até se tornar uma das melhores fontes de lucro para a indústria discográfica.

Os métodos de Reese foram seguidos de perto por Aldous Huxley, Bertrand Russell, Arnold Toynbee e Alistair Crowley. Russell era particularmente hábil em utilizar os métodos de Tavistock para formar a sua campanha "CND": A campanha "Banir a Bomba" que se opôs às experiências nucleares dos EUA Os "think tanks" de Tavistock receberam um financiamento maciço do governo dos EUA. Estas instituições realizam experiências de investigação sobre condicionamento em massa da população. O movimento CND era uma frente atrás da qual Huxley distribuía drogas à juventude britânica.

Nestas experiências, o povo americano tem sido mais visado do que qualquer outro grupo nacional no mundo. Como revelei em 1969 e 2004, desde 1946, o governo dos Estados Unidos investiu milhares de milhões de dólares em projectos que podem ser descritos como "operações secretas", ou seja, os programas experimentais são apresentados sob outros nomes e títulos, de modo a que o povo americano desprevenido não levante quaisquer protestos sobre estas despesas pródigas do governo.

Nestas experiências Tavistock, todos os aspectos do modo de vida da América, os seus costumes, as suas tradições, a sua história, são examinados para ver se podem ser sujeitos a mudanças. Todos os aspectos da nossa vida psicológica e fisiológica são constantemente examinados nas instituições americanas de Tavistock.

Agentes de mudança' trabalham incansavelmente para alterar o nosso modo de vida e fazer parecer que estas mudanças são meramente 'tempos de mudança' aos quais temos de nos adaptar. Estas mudanças forçadas encontram-se na política, religião, música, a forma como as notícias são feitas e relatadas, o estilo de entrega de notícias com a preponderância das leitoras americanas em que todos os traços de feminilidade foram eliminados; o estilo e a entrega dos discursos do Sr. Bush (frases curtas, staccato) acompanhados pelo uso da palavra "feminino". O estilo de Bush e a entrega de discursos (frases curtas, staccato) acompanhados por contorções faciais e movimentos corporais ensinados por agentes de mudança, a forma como caminha (estilo da Marinha dos EUA), a ascensão dos chamados fundamentalistas cristãos na política, o apoio maciço aos "ismos", a lista é interminável.

O resultado, o resultado líquido destes programas experimentais determina como e onde vamos viver no presente e no futuro, como vamos reagir a situações stressantes na nossa vida nacional e pessoal, e como o nosso pensamento nacional sobre educação, religião, moralidade, economia e política pode ser canalizado na "direcção certa".

Nós, o povo, temos sido e somos constantemente estudados nas instituições de Tavistock. Estamos a ser dissecados, perfilados, lidos pela mente e dados introduzidos em bancos de dados informáticos com o objectivo de moldar e planear a forma como iremos responder a choques e tensões futuras previstas. Tudo isto é feito sem o nosso consentimento e em clara violação do nosso direito constitucional à privacidade.

Estes resultados e prognósticos de perfil são introduzidos em bases de dados nos computadores da Agência Nacional de Segurança, do FBI, do Departamento de Inteligência da Defesa e dos Chefes do Estado-Maior Conjunto, da Agência Central de Inteligência, da Agência Nacional de Segurança, para citar apenas alguns locais onde estes dados são armazenados.

A linha entre a espionagem interna e externa está a esbater-se, uma vez que o povo americano está preparado para o advento de um governo mundial em que a vigilância dos indivíduos atingirá níveis sem precedentes.

Foi este tipo de informação que permitiu ao FBI livrar-se de David Koresh e dos seus Davidianos, enquanto a nação assistia na televisão nacional, sem a mínima reacção do povo e sem uma incrível falta de protesto por parte do Congresso. De uma só vez, os direitos dos estados do Texas foram destruídos. Waco seria um teste para ver como o povo reagiria ao ver a 10 Emenda destruída diante dos seus olhos, e de acordo com o perfil, o povo do Texas e dos Estados Unidos agiram exactamente como descrito no perfil Tavistock; agiram como ovelhas a pastar pacificamente na relva enquanto a cabra Judas que os levaria ao abate fazia circular o rebanho.

O que aconteceu, e está sempre a acontecer, foi previsto pelo Conselheiro de Segurança Nacional de Carter Zbigniew Brzezinski no seu livro *New Age, 'The Technocratic Era'*, publicado em 1970. O que ele previu está a acontecer diante dos nossos olhos, mas a natureza sinistra e mortífera destes acontecimentos perde-se nas pessoas. A realidade do que Brzezinski previu em 1970 tornou-se realidade. Sugiro que leia o livro - se estiver disponível - e depois, como eu fiz, compare os acontecimentos que ocorreram desde 1970 com o que é dito em *"A Era Technotronic"*. A precisão das previsões de Brzezinski não só é espantosa, como assustadora.

Se ainda estiver céptico, leia-se *1984* por George Orwell, um antigo agente dos serviços secretos britânicos do MI6. Orwell teve de escrever a sua revelação surpreendente sob forma fictícia para evitar ser processado ao abrigo da Lei dos Segredos Oficiais do Reino Unido. A 'novlíngua' de Orwell está agora em todo o lado e, como ele previu, sem oposição.

Os leitores pensavam que Orwell estava a descrever a Rússia, mas ele estava a prever a chegada de um regime muito pior do que o regime bolchevique, o governo britânico da Nova Ordem Mundial.

Basta olhar para as leis aprovadas pelo regime de Blair para ver que as liberdades foram esmagadas, a dissidência política foi esmagada, a Carta Magna foi incendiada e substituída por um conjunto de leis draconianas que fazem uma leitura sinistra. Há um velho ditado que diz que "para onde a Inglaterra vai hoje, os Estados Unidos irão amanhã".

Gostando ou não, Brzezinski previu que nós, o povo, deixaríamos de ter qualquer direito à privacidade; cada pequeno pormenor das nossas vidas seria conhecido do governo e poderia ser imediatamente recordado pelos bancos de dados. No ano 2000, disse ele, os cidadãos estarão sob o domínio do governo como nenhuma outra nação jamais conheceu antes.

Hoje, em 2005, estamos sob vigilância constante de uma forma que não se poderia imaginar há alguns anos atrás, a Quarta Emenda foi espezinhada, a nossa melhor protecção contra um estado gigantesco, a 10 Emenda já não existe, e tudo isto foi possível graças ao trabalho de Reese e dos cientistas sociais que controlam o Instituto Tavistock.

Em 1969, por ordem do Comité de 300, Tavistock criou o Clube de Roma, como foi relatado pela primeira vez nas minhas monografias de 1969. O Clube de Roma criou então a Organização do Tratado do Atlântico Norte (NATO) como uma aliança política.

Em 1999, descobrimos a verdade sobre a NATO: é uma entidade política apoiada militarmente pelos seus países membros. A Tavistock tem fornecido pessoal chave à OTAN desde a sua criação e continua a fazê-lo. Eles escrevem todas as políticaschave da OTAN. Por outras palavras, o Tavistock controla a OTAN.

A prova é que a OTAN conseguiu bombardear a Sérvia durante 72 dias e noites e safar-se, apesar do facto de ter violado as quatro Convenções de Genebra, a Convenção de Haia, os Protocolos de Nuremberga e a Carta das Nações Unidas. Não houve clamor do povo americano ou britânico contra esta acção bárbara.

Claro que tudo isto foi predeterminado a partir dos bancos de dados Tavistock: eles sabiam exactamente como o público reagiria ou não ao bombardeamento. Se tivesse sido feita uma determinação adversa antecipadamente quanto à reacção do público, não teria havido bombardeamento da Sérvia.

Foram precisamente os mesmos estudos Tavistock que foram utilizados para avaliar a reacção do público à chuva de mísseis e bombas de cruzeiro na cidade aberta de Bagdade em 2002, a infame táctica de Rumsfeld de "choque e espanto". Um comportamento bárbaro desta magnitude foi permitido porque o presidente e os seus homens sabiam antecipadamente que não haveria clamor por parte do público americano.

Tanto o Clube de Roma como a NATO exercem uma influência considerável sobre as decisões de política externa do governo dos EUA, e continuam a fazê-lo hoje em dia, como vimos no caso dos ataques não provocados à Sérvia e ao Iraque pelas administrações Clinton e Bush, respectivamente. A história fornece outros exemplos do controlo doméstico da Tavistock sobre os EUA.

Quando eclodiu a Segunda Guerra Mundial, os Estados Unidos foram submetidos a uma campanha de lavagem cerebral préplanejada das proporções mais maciças, preparada e executada pelo Tavistock Institute.

Isto abriria o caminho para uma entrada suave dos americanos numa guerra que não é da nossa conta e amordaçaria aqueles que se lhe opõem. Todos os grandes discursos de Roosevelt foram compostos por técnicos de controlo da mente na Tavistock, muitos deles da Sociedade Fabian.

Foi dito aos americanos que a guerra tinha sido iniciada pela Alemanha; que o perigo da Alemanha para a paz mundial era muito maior do que a ameaça do bolchevismo alguma vez seria. Um grande número de cientistas sociais que trabalham nas instituições Tavistock americanas foram seleccionados para liderar a tarefa de persuadir o povo americano de que a entrada da América na guerra era o caminho a seguir. No entanto, não tiveram êxito até o Japão ser "forçado a disparar o primeiro tiro" contra Pearl Harbor.

CAPÍTULO 29

A psicologia topológica conduz os EUA à guerra do Iraque

A psicologia topológica de Kurt Lewin, que é padrão nas instituições de Tavistock, foi ensinada a cientistas americanos seleccionados enviados para lá para aprender a sua metodologia, e o grupo regressou aos Estados Unidos para liderar a campanha para forçar os americanos a acreditar que o apoio à Grã-Bretanha - o instigador da guerra - era do nosso melhor interesse. A psicologia topológica continua a ser o método mais avançado de induzir mudanças de comportamento, quer em indivíduos quer em grupos populacionais de massa.

Infelizmente, a psicologia topológica foi utilizada com demasiado sucesso pelos meios de comunicação social para apressar a América para uma situação criada pelos britânicos no Iraque, outra guerra em que não tínhamos nada que nos envolver. Os mentirosos profissionais que dirigem este país, as prostitutas dos meios de comunicação social, os "porta-vozes" traidores do Governo Mundial Único da Nova Ordem Mundial utilizaram uma psicologia topológica precisa contra aqueles que disseram que não devíamos atacar o Iraque.

Bush, Baker, Haig, Rumsfeld, Rice, Powell, General Myers, Cheney e os membros do Congresso que se curvaram perante eles numa demonstração esclavagista de bajulação cerebral levaram o povo americano a acreditar que o Presidente Saddam Hussein do Iraque era um monstro, um homem mau, um ditador, uma ameaça à paz mundial, que teve de ser afastado do poder, embora o Iraque nunca tivesse feito nada para prejudicar os EUA. Se houvesse alguma verdade nas alegações de que Hussein tinha feito coisas terríveis, o mesmo poderia ser dito de Wilson e Roosevelt, ampliadas um milhão de vezes.

A guerra de Tavistock contra a Constituição dos EUA deixou o povo americano completamente mudo a ponto de acreditar que os EUA têm o direito de atacar o Iraque e remover o seu líder, embora a Constituição proíba expressamente tal acção, para não mencionar que viola o direito internacional e os protocolos de Nuremberga. Como já dissemos anteriormente, é necessária uma "situação inventada" para que o povo americano fique inflamado.

Na Primeira Guerra Mundial, foram as "atrocidades" cometidas pelo Kaiser. Na Segunda Guerra Mundial foi Pearl Harbor, na Coreia foram os "torpedeiros fantasmas" do ataque da Coreia do Norte à Marinha dos EUA que nunca aconteceram.

No Iraque, foi o engano e a mentira de Abril de Glaspie; na Sérvia, foi a "preocupação" da senhora Albright com a alegada "perseguição" de estrangeiros albaneses ilegais que afluíram à Sérvia para escapar à miséria económica do seu país que serviu de pretexto para a sua cruzada autodidacta contra a Sérvia.

Tavistock inventou um novo nome para os albaneses ilegais; de agora em diante seriam chamados "kosovares". É claro que o público americano perfilado e programado não se opôs quando a Sérvia, sem uma boa razão e sem nunca ter prejudicado os Estados Unidos, foi implacavelmente bombardeada durante setenta e seis dias e noites!

O perigo real para a paz vem da nossa política unilateral em relação às nações do Médio Oriente e da nossa atitude em relação aos governos socialistas. Os apelos à manifestação em torno da bandeira no início da Segunda Guerra Mundial foram pura psicologia topológica de Reese - e isto foi repetido na Guerra do Golfo, na Guerra da Coreia, no Iraque (duas vezes) e na Sérvia.

Em breve será novamente a Coreia do Norte. Os EUA perseguem esta nação há mais de 25 anos - só que desta vez a desculpa será que a Coreia do Norte está prestes a lançar uma bomba nuclear sobre uma cidade americana! Em todas estas guerras, o povo americano sucumbiu à grande batida do tambor de Tavistock sob o pretexto de "patriotismo" tingido com uma pesada dose de medo, martelado em casa noite e dia. Os americanos acreditavam no mito de que a Alemanha era o "mau da fita" que queria dominar o mundo; nós rejeitámos a ameaça do bolchevismo.

Por duas vezes fomos chicoteados num frenesim contra a Alemanha. Acreditámos nos nossos controladores mentais porque não sabíamos que tínhamos sofrido uma lavagem cerebral, manipulada e controlada. Foi assim que os nossos filhos foram enviados para morrer nos campos de batalha da Europa por uma causa que não era da América.

Imediatamente após Winston Churchill se ter tornado primeiro-ministro da Grã-Bretanha depois de ter destituído Neville Chamberlain por ter concluído com sucesso um acordo de paz com a Alemanha, Churchill, o grande modelo da crença no respeito pelo direito internacional, começou a infringir as leis internacionais que regem a conduta civilizada durante as guerras.

Agindo segundo o conselho do teórico de Tavistock Richard Crossman-Winston Churchill adoptou o plano de Tavistock para o bombardeamento terrorista da população civil. (Deveríamos ver a mesma política implementada no Iraque e na Sérvia).

Churchill ordenou à Força Aérea Real (RAF) que bombardeasse a pequena cidade alemã de Freiberg, uma cidade indefesa na lista de tais cidades na Alemanha e Grã-Bretanha, que ambas as partes tinham acordado num pacto escrito que era uma "cidade aberta e indefesa" a não ser bombardeada.

Na terça-feira à tarde, 27 de Fevereiro de 1940, bombardeiros da RAF 'Mosquito' invadiram Freiberg, matando 300 civis, incluindo 27 crianças a brincar num pátio da escola, claramente identificáveis como tal.

Este foi o início da campanha de bombardeamentos terroristas da RAF contra alvos civis alemães; o infame inquérito aos bombardeamentos Prudential de inspiração Tavistock, que foi dirigido exclusivamente contra a habitação dos trabalhadores alemães e as infra-estruturas civis. Tavistock assegurou a Churchill que estes atentados terroristas maciços colocariam a

Alemanha de joelhos quando o objectivo de destruir 65% das habitações dos trabalhadores alemães fosse atingido.

A decisão de Churchill de lançar ataques terroristas bombistas contra a Alemanha foi um crime de guerra e continua a ser um crime de guerra. Churchill era um criminoso de guerra e deveria ter sido julgado pelos seus crimes hediondos contra a humanidade.

O bombardeamento de Freiberg, Alemanha, sem consulta com a França, foi o primeiro afastamento da conduta civilizada na Segunda Guerra Mundial e o governo britânico foi o único culpado dos ataques aéreos alemães que se seguiram. As tácticas de terror de Churchill foram seguidas à letra pelos EUA na guerra não declarada contra o Iraque, Sérvia, Iraque novamente e Afeganistão, que começou em Março de 1999, na mesma linha da insensibilidade de Churchill.

Kurt Lewin, cujo ódio pela Alemanha não conhecia limites, desenvolveu a política de bombardeamento terrorista de habitações civis. Lewin foi o "pai" do inquérito estratégico aos bombardeamentos, deliberadamente concebido para destruir 65% das casas dos trabalhadores alemães e matar indiscriminadamente o maior número possível de civis alemães.

As baixas militares alemãs foram de longe compensadas pelas perdas civis da guerra, devido ao "bombardeiro" Harris e aos seus ataques nocturnos de bombardeiros pesados da RAF a habitações de trabalhadores alemães. Este foi um grande crime de guerra que ficou sempre impune.

Isto desmente a propaganda de Tavistock de que a Alemanha iniciou estas incursões terroristas. Na realidade, foi apenas após oito semanas de ataques terroristas a Berlim, que causaram pesados danos a casas civis e alvos não militares, e custaram milhares de vidas civis, que a Luftwaffe retaliou com ataques a Londres. A retaliação alemã só veio depois de inúmeros apelos de Hitler, directamente a Churchill, para deixar de quebrar o seu acordo, que o "grande homem" ignorou.

Churchill, o mestre mentiroso, o mentiroso consumado, com a

ajuda e direcção de Lewin, conseguiu persuadir o mundo de que a Alemanha tinha começado a bombardear civis como política deliberada quando, como vimos, foi Churchill quem a iniciou. Os documentos do British War Office e da RAF reflectem esta posição. Os danos causados a Londres pela Luftwaffe foram relativamente leves em comparação com o que a RAF fez às cidades alemãs, mas o mundo nunca ouviu falar disso.

O mundo viu apenas pequenas secções de Londres danificadas pelos ataques aéreos alemães, com Churchill a caminhar sobre os escombros, a mandíbula saliente e um charuto preso entre os seus dentes, o epítome do desafio! Como Tavistock o tinha ensinado a encenar tais eventos! (Vemos ecos da forma afectada de Churchill em George Bush, que parece ter tido algum 'treino' da sua parte).

O carácter 'bulldog' de Churchill foi criado por Tavistock. O seu verdadeiro carácter nunca foi revelado. O bombardeamento impiedoso de Freiberg foi uma sombra do bombardeamento insensível, bárbaro, anticristão e desumano da cidade aberta e indefesa de Dresden, que matou mais pessoas do que o ataque atómico à bomba de Hiroshima.

O bombardeamento de Dresden e o seu timing foi uma decisão de sangue frio, em consulta com Tavistock, do "grande homem" para causar um "choque" e impressionar o seu amigo, Joseph Stalin. Foi também um ataque directo ao cristianismo, programado para ter lugar durante a Quaresma.

Não havia nenhuma razão militar ou estratégica para bombardear Dresden num dilúvio de fogo, que era o alvo escolhido por Lewin. Na minha opinião, o bombardeamento incendiário de Dresden, apinhado de refugiados civis alemães que fugiam da ofensiva russa do Leste, enquanto a Quaresma era celebrada, é o crime de guerra mais hediondo alguma vez cometido. No entanto, porque os britânicos e americanos foram cuidadosamente programados, condicionados e submetidos a lavagem cerebral, não se ouviu um sussurro de protesto. Os criminosos de guerra, "Bombardier" Harris, Churchill, Lewin e Roosevelt, escaparam com este terrível crime contra a humanidade.

A 5 de Maio de 2005, durante uma visita de estado a Berlim, o Presidente russo Vladimir Putin realizou uma conferência conjunta com o Chanceler alemão Gerhard Schroeder. Disse ao jornal alemão *Beeld* que as forças aliadas não podem ser absolvidas dos horrores da Segunda Guerra Mundial, incluindo o bombardeamento de Dresden:

> "Os aliados ocidentais não eram particularmente humanos", disse ele. "Não compreendo, até hoje, porque é que Dresden foi destruída. Não havia nenhuma razão militar para isso".

Talvez o líder russo não soubesse do Tavistock e da sua investigação sobre o bombardeamento Prudential que ordenou o terrível atentado, mas certamente os leitores deste livro saberão agora porque é que esta atrocidade bárbara e horrível foi cometida.

Voltemos a Reese e ao seu trabalho inicial em Tavistock envolvendo experiências de lavagem ao cérebro em 80.000 soldados do exército britânico. Após cinco anos de 'reprogramação' destes homens, Reese estava convencido de que o seu sistema de tornar as pessoas doentes mentalmente estáveis iria funcionar em qualquer grupo de massas. Reese estava convencido de que podia administrar um "tratamento" a grupos de massas quer quisessem quer não, e sem que as vítimas estivessem sequer conscientes do que lhes estava a ser feito à mente. Quando questionado sobre a sabedoria das suas acções, Reese respondeu que não era necessário obter a permissão dos "sujeitos" antes de iniciar as suas experiências.

O modus operandi desenvolvido por Reese e os seus gurus provou ser eficaz. O método Reese-Lewin de manipulação da mente provou ser muito eficaz e é ainda hoje largamente utilizado na América, em 2005. Estamos a ser manipulados, as nossas opiniões estão a ser fabricadas para nós, tudo sem a nossa permissão. Qual foi o objectivo desta modificação de comportamento? Foi para fazer mudanças forçadas no nosso modo de vida, sem o nosso consentimento e sem sequer estarmos conscientes do que está a acontecer.

De entre os seus estudantes mais brilhantes, Reese seleccionou aquilo a que chamou "a minha primeira equipa" para se tornar o primeiro nível dos seus "graduados universitários invisíveis", as "tropas de choque" que seriam colocadas em posições-chave nos serviços secretos britânicos, no exército, no Parlamento e, mais tarde, no SHAEF (Supremo Quartel-General das Forças Expedicionárias Aliadas).

A "primeira equipa graduada" controlou depois completamente o General Eisenhower, que se tornou um fantoche nas suas mãos. Os "primeiros graduados da equipa" foram inseridos em todos os órgãos de decisão dos Estados Unidos.

A "primeira equipa de diplomados" tomou as decisões políticas dos Estados Unidos. A "equipa secreta", como se autodenominavam, era responsável pela execução pública do Presidente. A "equipa secreta", como foi chamada, foi responsável pela execução pública do Presidente John F. Kennedy, em frente da América e do mundo, para mostrar aos futuros presidentes que tinham de obedecer a todas as directivas recebidas dos "Olimpíadas". Kissinger foi um dos muitos "licenciados da primeira equipa" colocados em posições de autoridade dentro do governo dos EUA, do O.S.S. e do FBI.

O Major Louis Mortimer Bloomfield, cidadão canadiano, chefiou a divisão de contra-espionagem cinco do FBI durante a Segunda Guerra Mundial. Na Grã-Bretanha, foi H.V. Dicks quem foi responsável por colocar 'primeiros graduados da equipa' em posições-chave nos serviços secretos, na Igreja de Inglaterra, no Ministério dos Negócios Estrangeiros e no Gabinete de Guerra, para não mencionar o Parlamento.

Tavistock foi capaz de conduzir experiências de guerra em tempo de paz, dadas todas as instalações à sua disposição, e através desta experiência conseguiu apertar o seu controlo sobre os estabelecimentos militares e de inteligência americanos e britânicos.

Na América, as experiências sinistras de Tavistock mudaram o estilo de vida americano, completamente e para sempre. Quando esta verdade é reconhecida pela maioria dos nossos concidadãos, quando eles compreendem a extensão do controlo que Tavistock exerce sobre a nossa vida quotidiana, só então nos podemos defender, se não nos tivermos tornado autómatos em estado de choque permanente.

Em 1942, a estrutura de comando dos serviços militares e de inteligência britânicos e americanos tinha-se tornado tão entrelaçada que já não era possível separá-los ou distingui-los uns dos outros.

Isto resultou em muitas políticas estranhas e bizarras seguidas pelo nosso governo, a maioria das quais contrariando directamente a Constituição e a Carta dos Direitos dos EUA e indo contra a vontade de Nós, o Povo, tal como expressa pelos nossos representantes eleitos no Congresso. Em suma, os nossos representantes eleitos tinham perdido o controlo do nosso governo. Winston Churchill chamou a isto "uma relação especial".

No final da Segunda Guerra Mundial, vários altos funcionários políticos e militares da Grã-Bretanha e dos Estados Unidos, cuidadosamente seleccionados e perfilados, foram convidados a participar numa conferência presidida por Reese. O que Reese disse ao grupo foi retirado de notas confidenciais compiladas por uma das pessoas que participaram na reunião mas que pediram para permanecer anónimas:

> "Se quisermos enfrentar abertamente os problemas nacionais e sociais do nosso tempo, precisamos de tropas de choque, e estas não podem ser fornecidas por uma psiquiatria inteiramente baseada em instituições.
>
> Temos de ter equipas móveis de psiquiatras que sejam livres de se deslocarem e estabelecerem contacto com a situação local em áreas particulares. Num mundo completamente louco, grupos de psiquiatras ligados entre si, cada um capaz de influenciar todo o campo da política e do governo devem ser os árbitros, a cabala do poder".

Há algo mais claro? Reese defendeu a conduta anárquica de um grupo de psiquiatras ligados para formar as primeiras equipas das suas faculdades invisíveis, livres de restrições sociais, éticas e legais, que poderiam ser deslocadas para áreas com grupos populacionais mentalmente saudáveis, que Reese e a sua equipa acreditavam que deveriam adoecer por "tratamento" de psicologia inversa. Qualquer comunidade que tivesse resistido com sucesso a uma lavagem cerebral em massa, como demonstrado pelos resultados das 'sondagens', foi definida como 'saudável'.

As "primeiras equipas" seriam seguidas por "tropas de choque", como vemos entre os grupos ambientalistas. E não admira, uma vez que a Agência de Protecção Ambiental (EPA) é um monstro criado pelas "preocupações ambientais" de Tavistock, que foram geradas pelo próprio Tavistock e transmitidas à Agência de Protecção Ambiental através das tropas de choque.

A EPA não é a única criatura gerada pelo Tavistock. O aborto e a homossexualidade são aberrações criadas e apoiadas pelo Tavistock.

Devido aos programas criados e apoiados pelo Tavistock, sofremos nos Estados Unidos uma terrível degradação da nossa vida moral, da nossa vida religiosa; uma degradação da música pela aberração do rock and roll, que se agravou progressivamente após uma introdução relativamente mansa dos Beatles, seguida do Rap e do Hip-Hop; uma destruição da arte, como vemos empurrada pela PBS nos objectos degenerados de escarnecer de Mapplethorpe. Assistimos a uma proliferação da cultura da droga e a uma intensificação da adoração do Bezerro de Ouro. A sede por dinheiro nunca foi tão forte em nenhuma civilização como nesta.

Estes são os frutos amargos das políticas de Tavistock implantadas na nossa sociedade por "graduados invisíveis" que se tornaram membros dos conselhos escolares e se insinuaram em papéis de liderança nas nossas igrejas. Também se insinuaram em posições políticas importantes, a nível municipal e estatal, onde quer que a sua influência possa ser sentida.

Os 'licenciados' tornaram-se membros de conselhos de mediação laboral, conselhos escolares, conselhos universitários, sindicatos, militares, a igreja, os meios de comunicação, os meios de entretenimento e o serviço civil, bem como o Congresso, de tal forma que se torna óbvio para o observador formado que Tavistock tomou as rédeas do governo.

Reese e os seus colegas na Tavistock tiveram sucesso para além dos seus sonhos mais loucos, assumindo o controlo das principais instituições nas quais o governo depende. Os pais - o Comité dos 300 - devem estar encantados com os progressos feitos pelo jovem Clube de Roma.

O 4 de Julho foi esvaziado de sentido. Já não há nenhuma "independência" americana para celebrar. As vitórias de 1776 foram negadas, em grande parte invertidas, e é apenas uma questão de tempo até que a Constituição dos EUA seja rejeitada em favor de uma Nova Ordem Mundial. Durante o mandato de G.W. Bush, estamos a ver este processo acelerar-se.

CAPÍTULO 30

Não escolha dos candidatos nas eleições

Vejamos como é conduzida uma eleição. O povo americano não vota a favor de um presidente. Eles votam num candidato do partido escolhido pelos funcionários eleitos pelo partido, geralmente sob o controlo total do Comité de 300. Isto não é um voto para um candidato sob livre escolha, como tantas vezes nos é dito. Na verdade, os eleitores não têm outra escolha senão escolher entre candidatos pré-seleccionados.

Os candidatos que o público pensa estar a votar por escolha (a nossa escolha) foram cuidadosamente examinados pelo Instituto Tavistock, e depois fomos submetidos a uma lavagem ao cérebro para pensarmos que são virtuosos.

Tais impressões ou mordidelas sonoras são criadas nos estúdios de think tanks como Yankelovich, Skalley e White, geridos pelo graduado Tavistock Daniel Yankelovich. Os 'think tanks' controlados por Tavistock dizem-nos como votar da forma que eles escolhem. Desde o advento do Yankelovich, o número de indústrias de 'perfilagem' proliferou para mais de cento e cinquenta dessas instituições. Tomemos o exemplo de James Earl Carter e George Bush. Carter saiu da obscuridade relativa para 'ganhar' a Casa Branca, o que os magnatas dos media dizem provar que o sistema americano funciona.

Na verdade, o que a eleição de Carter provou foi que Tavistock dirige este país e pode conseguir que a maioria dos eleitores vote num homem sobre o qual não sabem quase nada. Dizer que "o sistema funcionou" em relação a Carter, e mais tarde em relação a William Jefferson Clinton, foi exactamente a resposta inadequada que Tavistock esperava de uma população com uma lavagem cerebral em massa.

O que Carter reflectiu é que os eleitores irão votar num candidato pré-seleccionado para eles. Nenhuma pessoa sã teria querido George Bush, o Homem Caveira e Ossos, como seu vice-presidente, no entanto, temos Bush. Como é que Carter chegou à Casa Branca? Aconteceu assim: Um Dr. Peter Bourne, psicólogo social interno de Tavistock, foi encarregado de encontrar um candidato que Tavistock pudesse manipular. Por outras palavras, Bourne tinha de encontrar o candidato "certo" para o cargo de acordo com a regra de Tavistock, um candidato que pudesse ser vendido aos eleitores.

Bourne, conhecendo os antecedentes de Carter, apresentou o seu nome para consideração. Uma vez aprovado o registo de Carter, os eleitores americanos receberam "o tratamento", ou seja, foram submetidos a uma campanha sustentada de lavagem cerebral para os persuadir de que tinham encontrado Carter como sua escolha. De facto, quando Tavistock terminou o seu trabalho, já não havia necessidade real de uma eleição. Tornou-se uma mera formalidade. A vitória de Carter foi uma vitória pessoal para Reese, enquanto que a de Bush foi uma vitória para a metodologia Tavistock. Uma história de sucesso ainda maior foi a da venda de William Jefferson Clinton como candidato à Casa Branca, um feito que teria sido impossível em qualquer outro país.

Depois veio a venda de George W. Bush, um homem de negócios falhado que tinha evitado servir como soldado no Vietname e tinha muito pouca experiência de liderança.

O Tavistock teve de se levantar, mas mesmo isso não foi suficiente. Quando era certo que Bush não ia ganhar, o Supremo Tribunal dos EUA interveio ilegalmente numa eleição estatal e atribuiu o prémio ao vencido.

Um eleitorado atordoado (chocado) permitiu a aprovação desta violação maciça da Constituição dos EUA, assegurando que o seu futuro será numa Nova Ordem Mundial - um governo mundial ditatorial internacional comunista unificado.

Reese continuou a desenvolver a base de operações de Tavistock, tendo a bordo Dorwin Cartwright, um profiler altamente qualificado da população. Uma das suas especialidades era medir a reacção da população a uma escassez alimentar. O objectivo é ganhar experiência quando a arma alimentar é utilizada contra um grupo populacional que não quer cumprir as regras do Tavistock.

A Tavistock planeou-o desta forma: Os cartéis alimentares internacionais vão encurralar a produção e distribuição dos recursos alimentares do mundo. A fome é uma arma de guerra, tal como as alterações climáticas. Tavistock utilizará a arma da fome sem restrições quando chegar o momento. Continuando a expansão da Tavistock, Reese recruta Ronald Lippert.

O que a Tavistock tinha em mente quando contratou Lippert era ganhar uma posição no futuro controlo da educação, começando pelas crianças pequenas. Lippert era um especialista na arte de manipular a mente dos jovens. Antigo agente do S.O.S., é um teórico altamente qualificado e um especialista em mistura de raças como meio de enfraquecer as fronteiras nacionais. Uma vez estabelecido em Tavistock, Lippert começou o seu trabalho criando um 'think tank' dedicado ao que ele chamou de 'inter-relações comunitárias', que envolveu a investigação de métodos para quebrar as barreiras raciais naturais.

A chamada legislação de "direitos civis" é puramente uma criação de Reese e Lippert, e não tem, de facto, qualquer base constitucional.

(Ver "What you need to know about the US Constitution" para uma explicação completa dos chamados "direitos civis").

A propósito, devo dizer que toda a legislação sobre direitos civis na Constituição dos EUA se baseia na emenda 14 , mas o problema é que a décima quarta emenda nunca foi ratificada. Portanto, não faz parte da Constituição dos EUA e todas as leis baseadas na mesma são nulas e sem efeito. De facto, não existe qualquer disposição constitucional em matéria de direitos civis.

Lippert estabeleceu a justificação para os "direitos civis" de

Martin Luther King, apesar de não haver base para tal na constituição federal. O transporte de crianças para fora das suas escolas foi outro sucesso da lavagem ao cérebro de Lippert-Reese. Transportar crianças para além do seu destino não era certamente um "direito". Para vender a ideia de "direitos civis" à população geral americana, foram criados três "grupos de reflexão":

> ➤ O Centro de Investigação em Política Científica

> ➤ O Instituto de Investigação Social

> ➤ Os Laboratórios Nacionais de Formação

Através da Unidade de Investigação de Política Científica, Lippert conseguiu colocar milhares dos seus "licenciados" com lavagem ao cérebro em posições-chave nos EUA, Europa Ocidental (incluindo a Grã-Bretanha), França e Itália. Actualmente, a Grã-Bretanha, França, Itália e Alemanha têm governos socialistas, cujos alicerces foram lançados pela Tavistock.

Centenas de executivos de topo das empresas mais prestigiadas da América foram formados em uma ou mais instituições da Lippert. Os Laboratórios Nacionais de Formação assumiram o controlo da Associação Nacional de Educação de dois milhões de pessoas, e este sucesso deu-lhes o controlo total do ensino nas escolas e universidades americanas.

Mas talvez a influência mais profunda na América tenha vindo do controlo da NASA pelo Tavistock, em parte devido ao relatório especial sobre o programa espacial da NASA, escrito pelo Dr Anatole Rappaport para o Clube de Roma. Este relatório surpreendente foi publicado num seminário em Maio de 1967, para o qual apenas foram convidados os delegados mais cuidadosamente seleccionados e perfilados dos principais escalões das empresas e governos das nações mais industrializadas.

Os participantes incluíam membros do Instituto de Política Externa, enquanto o Departamento de Estado enviou o conspirador da Era de Aquário Zbigniew Brzezinski como observador. No seu relatório final, o simpósio controlado por Tavistock ridicularizou o trabalho da NASA como 'inadequado' e sugeriu que os seus programas espaciais fossem imediatamente interrompidos. O governo dos EUA cumpriu cortando fundos, o que colocou a NASA em espera durante 9 anos enquanto o programa espacial soviético apanhou e ultrapassou os EUA.

O relatório especial de Rappaport sobre a NASA afirmava que a agência estava a produzir "demasiadas pessoas qualificadas, demasiados cientistas e engenheiros" cujos serviços não seriam necessários na pequena e mais bela sociedade pós-industrial mandatada pelo Clube de Roma. Rappaport chamou "redundante" aos nossos cientistas e engenheiros espaciais altamente qualificados e treinados. O governo dos EUA, que, como já indiquei, parece estar sob a alçada do Tavistock, cortou depois os fundos. A interferência na NASA é um exemplo perfeito de como a Grã-Bretanha controla a política interna e externa dos EUA.

A jóia da coroa de Tavistock é o Instituto Aspen no Colorado, que durante anos esteve sob a direcção de Robert Anderson, um licenciado da Universidade de Chicago que é proeminente na lavagem ao cérebro nos Estados Unidos. A instalação Aspen é a sede norte-americana do Clube de Roma, que ensina que um regresso à monarquia seria muito bom para a América. John Nesbitt, outro licenciado Tavistock, realizou seminários bastante regulares em Aspen nos quais foi promovido o estabelecimento de uma monarquia entre os principais homens de negócios.

Um dos estudantes da Nesbitt era William Jefferson Clinton, já na altura considerado candidato presidencial. Nesbitt, tal como Anderson, foi deslumbrado pela realeza britânica e seguiu as suas doutrinas catárticas de falsas preocupações ecológicas.

Os radicais filosóficos tinham introduzido as crenças dos Bogomils e Cathars nos círculos socialistas na Grã-Bretanha. Os protegidos de Anderson eram Margaret Thatcher e George Bush, cujas acções na Guerra do Golfo mostraram que Tavistock tinha feito bem o seu trabalho de casa. O Anderson é típico dos "líderes graduados" enganados e lavados ao cérebro. A sua especialidade é o ensino de educação ambiental a grupos-alvo de líderes empresariais.

As questões ambientais são o forte de Anderson. Embora Anderson financie algumas das suas actividades a partir dos seus enormes recursos financeiros, também recebe doações de todo o mundo, incluindo da Rainha Isabel e do seu marido, o Príncipe Filipe. Anderson fundou o movimento activista ambiental "Amigos da Terra" e a "Conferência das Nações Unidas sobre o Ambiente".

Para além do seu trabalho em Aspen, Anderson é Presidente e CEO da Atlantic Richfield Company-ARCO, cujo conselho de administração inclui os seguintes notáveis:

Jack Conway.

É melhor recordado pelo seu trabalho com o United Way Appeal Fund e como director da Fundação Ford da Internacional Socialista, ambos tão pouco americanos quanto é possível ser. Conway é também director do Center for Change, uma câmara de compensação especializada nas tropas de choque de Tavistock.

Philip Hawley.

É presidente da empresa de Los Angeles, "Hawley and Hale", que está ligada à "Transamerica", uma empresa especializada em fazer filmes anti-cristãos, anti-família, pró-aborto, pró-lésbico, pró-gay, pró-fármacos. Hawley está associado ao Bank of America, que financia o Center for the Study of Democratic Institutions, um grupo de reflexão clássico de Tavistock para a promoção do uso de drogas e legalização de drogas.

Dr. Joel Fort.

Este cidadão britânico, Fort, foi membro da direcção do jornal London Observer juntamente com o ilustre David Astor e Sir Mark Turner, Director do Royal Institute for International Affairs (RIIA), cujo abjecto criado americano é Henry Kissinger.

O Instituto Real dos Assuntos Internacionais (RIIA)

O Conselho das Relações Exteriores (CFR) foi fundado como uma organização irmã, o governo de facto do meio secreto americano é o braço executivo do Comité dos 300. Em Maio de 1982, Kissinger anunciou orgulhosamente o controlo da América por Tavistock.

A ocasião foi um jantar para os membros da RIIA. Kissinger elogiou o governo britânico, como seria de esperar de um licenciado de Tavistock. Na sua melhor voz profunda, Kissinger disse: "No meu tempo na Casa Branca, mantive o Ministério dos Negócios Estrangeiros britânico mais bem informado do que o Departamento de Estado norte-americano".

O denominador comum entre os três Institutos Lippert é a metodologia de lavagem ao cérebro originalmente ensinada na Tavistock. Todos os três Institutos Lippert foram financiados por subsídios governamentais. Nestas instituições, os principais administradores governamentais e decisores políticos foram e estão a ser treinados para minar o modo de vida estabelecido da América, com base na civilização ocidental e na Constituição dos EUA. A intenção é enfraquecer e, em última análise, quebrar as instituições que formam a fundação dos Estados Unidos.

A Associação Nacional de Educação

Uma indicação da extensão do controlo de Lippert sobre a Associação Nacional de Educação pode ser aferida pelo voto em massa de William Jefferson Clinton pelos seus professores-membros que sofreram uma lavagem ao cérebro, tal como dirigido pela liderança.

O Grupo Corning.

A empresa doou a Wye Plantation ao Instituto Aspen, que se tornou o principal campo de treino para recrutas da Nova Era e "tropas de choque". James Houghton, o vice-presidente da Coming, é um mensageiro para a família Pierepoint Morgan da Morgan Guarantee and Trust em Wall Street. Morgan recebe diariamente da RIIA briefings directamente de Londres, que se tornam INSTRUÇÕES a serem transmitidas ao Secretário de Estado norte-americano.

O antigo Secretário do Tesouro William Fowler fez parte da interface Corning-Aspen. É o principal proponente da transferência das políticas fiscais dos EUA para o Fundo Monetário Internacional (FMI) e tem exercido consistentemente pressão para que o Banco de Compensações Internacionais controle a banca interna dos EUA. Significativamente, Wye Plantation foi o local das conversações de paz árabe-israelita conhecidas como os Acordos de Wye.

Centro de Conferências Executivo.

Sob a direcção de Robert L. Schwartz, este "centro de formação especializada" é dirigido segundo as linhas do Instituto Esalen.

Schwartz passou três anos no Instituto Esalen e trabalhou de perto com Aldous Huxley, o primeiro "respeitável" traficante da cultura da droga de Tavistock, responsável pela introdução do LSD aos estudantes americanos. Schwartz era também um grande amigo da antropóloga Margaret Meade e do seu marido, Gregory Bateson. Após deixar Stanford e Esalen, Schwartz mudou-se para Terrytown House, a propriedade de Westchester de Mary Biddle Duke, onde, com importantes subsídios da IBM e da AT&T, abriu o Executive Conference Center, a primeira "escola de pós-graduação" a tempo inteiro do Aquarian e New Age para executivos de empresas de todos os sectores da América, da indústria, comércio e banca.

Milhares de altos executivos e gestores de empresas americanas, especialmente empresas Fortune 500, a nata do mundo empresarial, pagaram $750 por cabeça para serem formados na metodologia Aquarian Age em seminários dirigidos por Schwartz, Meade, Bateson e outros lavadores de cérebros Tavistock.

Schwartz foi em tempos fortemente aliado a Scientology, e foi também editor da revista *TIME*.

Instituto Aspen

- Os centros New Age foram generosamente financiados pela IBM e pela AT&T.

É difícil para os americanos que não têm acesso a este tipo de informação acreditar que a IBM e a AT&T, dois grandes nomes na América corporativa, teriam algo a ver com controlo da mente, lavagem cerebral, modificação do comportamento e meditação transcendental, treino de sensibilidade Baha'i, Zen Budismo, psicologia inversa e todo o resto das coisas da Nova Era.

-        Os programas da Era de Aquário são concebidos para quebrar a moral do povo americano e enfraquecer a vida familiar. O cristianismo não é ensinado.

Surgiriam dúvidas na mente da maioria dos americanos que desconhecem até que ponto as empresas americanas governam no país e no estrangeiro de formas perigosas para a Constituição e Carta de Direitos dos Estados Unidos. Sem a América empresarial, nunca teríamos tido a Guerra do Vietname, a Guerra do Golfo, a guerra contra a Sérvia e uma segunda guerra contra o Iraque. Carter e Clinton também não teriam tido a oportunidade de se sentar na Casa Branca!

Se o que aqui está escrito não é exacto, estas empresas poderiam sempre negar as suas verdades, mas até agora não o fizeram. Seria chocante descobrir que muitos dos gigantes corporativos, que são nomes familiares para o público americano, estão a enviar os seus executivos e quadros superiores para serem submetidos a uma lavagem ao cérebro por Schwartz, Meade, Bateson, John Nesbitt, Lewin, Cartwright e outros especialistas em modificação comportamental e controlo da mente da Tavistock : No Centro de Conferências Executivo, os líderes empresariais encontram-se com John Nesbitt, que deve a sua lealdade à nobreza negra e à Casa de Guelph, mais conhecida como a Casa de Windsor; a RIIA, os Grupos Milner - Mesa Redonda, o Clube de Roma e o Instituto Aspen. O Nesbitt é típico dos agentes utilizados pelo governo britânico para dirigir a política externa e dos EUA.

Nesbitt é um monarquista convicto e um perito do Clube de Roma em crescimento zero para a indústria, especialmente para a indústria pesada. Acredita no crescimento zero pós-industrial ao ponto de devolver o mundo a um estado feudal. Numa das suas sessões de lavagem ao cérebro, ele contou a destacados executivos de negócios dos EUA:

"Os Estados Unidos estão a avançar para uma monarquia como a Grã-Bretanha e para um sistema de governo no qual o Congresso, a Casa Branca e o Supremo Tribunal serão meramente simbólicos e ritualistas. Esta será uma verdadeira democracia; o povo americano não se importa com quem é presidente; metade deles não vota de qualquer forma. A economia americana está a afastar-se da de um Estado-nação e a aproximar-se de centros de poder cada vez mais pequenos, mesmo de múltiplas nações. Precisamos de substituir o Estado-nação por uma mentalidade geográfica e ecológica".

"Os EUA irão afastar-se de uma concentração de actividades industriais pesadas. Automóveis, aço, habitação nunca mais renascerão. Buffalo, Cleveland, Detroit, os antigos centros industriais irão morrer. Estamos a avançar para uma sociedade da informação. Há e continuará a haver muita dor, mas em geral, esta economia está a fazer melhor do que há dez anos atrás". Nesbitt estava de facto a fazer eco dos próprios sentimentos expressos pelo Conde Davignon em 1982.

CAPÍTULO 31

Crescimento zero na agricultura e na indústria: a sociedade pós-industrial americana

Em 1983, escrevi uma monografia intitulada "A Morte da Indústria do Aço" na qual detalhava como o aristocrata francês Etienne Davignon do Clube de Roma tinha sido encarregado de reduzir a dimensão da indústria do aço americana.

Na altura da publicação, muitas pessoas estavam cépticas, mas com base em informações sobre o Clube de Roma - de que a maioria dos americanos e historiadores internacionais nunca tinham ouvido falar antes do meu artigo de 1970 com o mesmo título - tinha a certeza de que a previsão da Nesbitt se poderia tornar realidade, e nos sete anos seguintes tornou-se realidade, embora não em todos os aspectos. Embora algumas partes das previsões da Nesbitt estivessem erradas - a sua hora ainda não tinha chegado - em muitos aspectos ele estava certo sobre as intenções do nosso governo secreto.

Nenhum dos capitães da indústria, que assistiram às sessões de lavagem ao cérebro da CEE Tavistock, considerou oportuno protestar contra as palavras da Nesbitt. Sendo assim, como poderia eu esperar que um escritor desconhecido como eu, de quem nunca ninguém ouvira falar, tivesse qualquer impacto?

As conferências executivas e sessões de formação na Tarrytown House provaram que as técnicas de lavagem ao cérebro de Reese eram irrepreensíveis. Foi um fórum em que participaram os capitães da indústria, a elite dos negócios americanos, muito felizes por participarem no desaparecimento da indústria siderúrgica americana, por sacrificarem o seu mercado interno único que tinha feito da América uma grande nação industrial, por destruírem a Constituição e a Carta dos Direitos, e por adoptarem programas genocidas que exigiam a eliminação de metade da população mundial; substituindo o misticismo oriental e a Cabala pelo cristianismo; aplaudindo programas que resultariam numa ruptura da moral da nação e na destruição da vida familiar; uma futura América balcanizada.

Ninguém pode negar, olhando para o estado da América hoje em 2005, que Reese e os seus métodos Tavistock fizeram um trabalho incrível de lavagem ao cérebro dos nossos líderes empresariais, dos nossos líderes políticos e religiosos, dos nossos juízes e educadores, e dos guardiões morais da nação, para não mencionar a Câmara dos Representantes e o Senado dos EUA.

Em 1974, o Professor Harold Isaacson do Massachusetts Institute of Technology (MIT), no seu livro *Ídolos da Tribo, pôs a* nu o plano de Tavistock de combinar o México, o Canadá e os Estados Unidos em estados semelhantes aos dos Balcãs. Lembro aos meus leitores que o MIT foi fundado por Kurt Lewin, o mesmo Kurt Lewin que foi expulso da Alemanha devido às suas experiências de lavagem cerebral; o mesmo Lewin que planeou a investigação do bombardeamento estratégico; o teórico número um de Reese.

Tudo o que Isaacson fez foi expor o plano de Aquário de uma forma mais legível e detalhada do que o estudo Stanford-Willis Harmon de Aquarius. Em 1981, sete anos mais tarde, as ideias de Isaacson (o Plano Aquário de Tavistock) foram apresentadas ao público por Joel Gallo, editor do *Washington Post*, porta-voz da Casa de Windsor e do Clube de Roma. Gallo intitulou a sua apresentação "As Nove Nações da América do Norte". A versão de Gallo do plano de Tavistock para uma América do futuro foi fornecida:

> ➢ A morte da indústria siderúrgica e o declínio da indústria no nordeste industrial e a fundação da "Nação do Nordeste".

- ➤ Dixie, a nação emergente do Sul.

- ➤ Etopia, que consiste nas franjas costeiras do Noroeste Pacífico (Willis Harmon, no seu artigo sobre a Era de Aquário, utilizou o termo "ecotopia").

- ➤ O equilíbrio do Sudoeste americano a ser combinado com o México como uma região de cesta de pão.

- ➤ O Centro-Oeste será referido como "o distrito vazio".

- ➤ Partes do Canadá e das ilhas serão designadas "para fins especiais". (Talvez estes territórios sejam os locais dos futuros "gulags", agora que vimos o impensável - o centro de reconstrução da prisão da Baía de Guantanamo, onde o controlo da mente e a tortura são de facto praticados).

Em todas estas últimas áreas, não haveria grandes cidades, o que seria contrário à "ecotopia". Para que todos compreendessem do que ele estava a falar, Gallo apresentou um mapa com o seu livro. O problema é que o povo americano não levou Gallo a sério. Esta era precisamente a forma como Tavistock esperava que reagissem, naquilo a que ele chamou uma "resposta perfeitamente desajustada".

A direita americana cresceu com os Rockefellers, os Warburgs, a Maçonaria, os Illuminati, o Conselho das Relações Exteriores, a conspiração da Reserva Federal e a Comissão Trilateral. Não tinha sido publicado muito sobre o funcionamento interior.

Quando comecei a publicar as minhas pesquisas em 1969, o povo americano não tinha ouvido falar do Comité de 300, da Fundação Cini, do Fundo Marshall, do Clube de Roma, e certamente não do Instituto Tavistock, da Nobreza Negra de Veneza e Génova. Aqui está uma lista das instituições de lavagem ao cérebro Tavistock nos Estados Unidos, que foram relatadas nas minhas monografias publicadas em 1969:

- ➤ Centro de Investigação de Stanford. Emprega 4.300 pessoas e tem um orçamento anual de mais de 200 milhões de dólares.

> MIT/Sloane. Emprega 5000 pessoas e tem um orçamento anual de 20 milhões de dólares.

> Universidade da Pennsylvania Wharton School. Emprega entre 700 e 800 pessoas e tem um orçamento anual de mais de 35 milhões de dólares.

> Gestão e investigação comportamental. Emprega 40 pessoas com um orçamento anual de 2 milhões de dólares.

> Rand Corporation. Emprega mais de 2000 pessoas com um orçamento anual de 100 milhões de dólares.

> Laboratórios nacionais de formação. Emprega 700 pessoas com um orçamento anual de 30 milhões de dólares.

> O Instituto Hudson. Emprega entre 120 e 140 pessoas e tem um orçamento anual estimado de 8 milhões de dólares.

> Instituto Esalen. Emprega entre 1.800 e 2.000 pessoas com um orçamento anual de mais de 500 milhões de dólares.

(Todos os números de 1969)

Assim, só nos Estados Unidos, em 1989, já tínhamos uma rede Tavistock de 10-20 grandes instituições, mais 400-500 instituições de média dimensão com mais de 5.000 grupos de satélites interligados, todos a girar em torno do Tavistock. Juntos, empregam mais de 60.000 pessoas, especializadas de uma forma ou de outra em ciência comportamental, controlo da mente, lavagem ao cérebro, sondagens e criação de opinião pública.

E todos estavam a trabalhar contra os Estados Unidos, a nossa Constituição e a Carta dos Direitos.

Desde 1969, estas instituições foram expandidas e um grande número de novas instituições foram acrescentadas à rede. São financiados não só por grandes doações privadas e empresariais, mas também pelo próprio governo dos EUA. Os clientes da

Tavistock incluem:

- ➤ O Departamento de Estado
- ➤ O Serviço Postal dos EUA
- ➤ Departamento de Defesa
- ➤ A CIA: O Departamento de Inteligência Naval da Marinha dos EUA
- ➤ O Gabinete de Reconhecimento Nacional
- ➤ O Conselho Nacional de Segurança
- ➤ O FBI
- ➤ Kissinger Associates
- ➤ Universidade Duke
- ➤ O Estado da Califórnia
- ➤ Universidade de Georgetown e muitas outras.

Os clientes da Tavistock incluem indivíduos e empresas:

- ➤ Hewlett Packard
- ➤ RCA
- ➤ Coroa de Zeilerbach
- ➤ McDonald Douglas
- ➤ IBM, Microsoft, Apple Computers, Boeing
- ➤ Indústrias Kaiser
- ➤ TRW
- ➤ Blythe Eastman Dillon
- ➤ Wells Fargo Bank of America
- ➤ Bechtel Corp
- ➤ Halliburton
- ➤ Raytheon

- McDonnell Douglas
- Óleo de concha
- British Petroleum
- Conoco
- Exxon Mobil
- IBM e AT&T.

Esta não é de forma alguma uma lista completa, que Tavistock guarda ciosamente. Estes são apenas os nomes que consegui obter. Eu diria que a maioria dos americanos estão completamente alheios ao facto de estarem numa guerra generalizada que tem sido travada contra eles desde 1946; uma guerra de proporções devastadoras e de pressão implacável; uma guerra que estamos a perder rapidamente e que nos esmagará, a menos que o povo americano possa ser sacudido da sua posição preconcebida de que "isto não pode acontecer na América".

CAPÍTULO 32

Revelando o nível superior do governo paralelo secreto

A única forma de derrotar este inimigo poderoso e insidioso é educar o nosso povo, especialmente a nossa juventude, na Constituição e permanecer firme na nossa fé cristã. Caso contrário, o nosso património inestimável será perdido, para sempre. O poder que Tavistock tem sobre esta nação deve ser quebrado.

Esperemos que este livro se torne um manual de treino para milhões de americanos que querem combater o inimigo, mas que até agora não conseguiram identificar esse inimigo.

As forças políticas controladas pelas sociedades secretas, todas elas contrárias aos ideais republicanos e constitucionais da América, não gostam de nada que procure expor o Instituto Tavistock e a sua deslealdade à América, quanto mais quando tais revelações não podem ser ridicularizadas e ignoradas. É claro que aqueles que se comprometem a expor os feitos do nosso governo secreto pagam invariavelmente um preço elevado por tais revelações.

Qualquer pessoa interessada no futuro da América não pode dar-se ao luxo de ignorar a forma como o Instituto Tavistock manipulou o povo americano e o governo, enquanto a maioria dos americanos permanece no escuro sobre o que se está a passar. Com o controlo quase total da nossa nação pelo nosso governo secreto, paralelo e de topo, a América deixou de ser uma nação livre e independente. O início do nosso declínio pode geralmente ser traçado até à época em que Woodrow Wilson foi "eleito" pela aristocracia britânica.

Grande parte da actividade mais recente da Tavistock nos Estados Unidos centrou-se em torno da Casa Branca e levou o ex-Presidente G.H.W. Bush, o ex-Presidente Clinton e o Presidente G. W. Bush a envolver-se numa guerra contra o Iraque. Tavistock está a liderar a campanha para destruir o direito dos cidadãos à Segunda Emenda de manter e portar armas.

Também ajudou a informar os membros-chave da legislatura que já não precisam da Constituição dos EUA, daí a massa de novas leis aprovadas que não são leis de todo, uma vez que não satisfazem o teste de constitucionalidade e são, portanto, nulas nos termos da Constituição dos EUA, como pretendem os pais fundadores.

Tavistock continua a ser a mãe de todas as instalações de investigação na América e Grã-Bretanha, e o líder em modificação de comportamento, controlo da mente e técnicas de formação de opinião.

O Instituto Rand de Santa Mónica, sob a direcção do Tavistock, criou o fenómeno conhecido como "El Niño", como parte de uma experiência de modificação climática. Tavistock também está fortemente envolvido em experiências de OVNI da Nova Era e avistamentos de extraterrestres como parte dos seus contratos de controlo da mente com a CIA.

O Instituto Rand gere o programa ICBM e efectua análises primárias para governos estrangeiros. Os Rand e Tavistock traçaram com sucesso o perfil da população branca da África do Sul para testar as condições de uma aquisição pelo Congresso Nacional Africano comunista, com a ajuda e apoio do Departamento de Estado norte-americano. O "Bispo" Desmond Tutu, que desempenhou um papel de liderança no preâmbulo da queda do governo branco, é uma criação Tavistock.

A Universidade de Georgetown foi assumida na sua totalidade pela Tavistock em 1938. A sua estrutura e programas foram reformatados para se enquadrarem no plano do Tavistock brain trust como um centro de ensino superior. Isto foi de grande significado para os Estados Unidos, considerando que foi na Universidade de Georgetown que o Sr. Clinton aprendeu a sua arte de manipulação e disseminação de massas.

Todos os oficiais de campo do Departamento de Estado são formados em Georgetown. Três dos seus graduados mais conhecidos são Henry Kissinger, William Jefferson Clinton e Richard Armitage. Os leais "exército invisível" de Georgetown têm causado danos incalculáveis aos Estados Unidos e irão sem dúvida desempenhar plenamente o seu papel até ao fim, quando serão erradicados, expostos e tornados inofensivos.

Algumas das acções mais horríveis e horríveis contra a América foram planeadas no Tavistock. Refiro-me ao bombardeamento do complexo naval do aeroporto de Beirute, que custou a vida de 200 dos nossos melhores jovens militares. Uma pessoa teria conhecimento do ataque iminente dos terroristas libaneses: o Secretário de Estado George Schultz. De acordo com relatórios não confirmados na altura, Schultz foi informado do ataque da Mossad, a agência dos serviços secretos de Israel.

Se Schultz recebeu um aviso tão atempado, nunca o transmitiu ao comandante da base naval em Beirute. Schultz foi, e continua a ser, um servo leal do Comité de 300 através da Companhia Bechtel.

No entanto, um ano depois de ter expressado as minhas suspeitas sobre Schultz e Bechtel (1989), um agente de alto nível descontente da Mossad quebrou fileiras e escreveu um livro sobre as suas experiências.

Partes do livro continham a mesma informação que eu tinha publicado um ano antes, o que me levou a acreditar que as minhas suspeitas sobre Schultz em 1989 não eram totalmente infundadas. Todo este episódio faz-me lembrar a traição do General Marshall ao reter deliberadamente informações sobre um iminente ataque aéreo japonês a Pearl Harbor do comandante no Hawaii.

Há cada vez mais provas da crescente contribuição e influência do Tavistock na CIA. Muitas outras agências de inteligência recebem instruções do Tavistock, incluindo o Gabinete de Reconhecimento Nacional (NRO), a Agência de Inteligência da Defesa (DJA), a Inteligência do Tesouro e a Inteligência do Departamento de Estado.

Todos os anos, no aniversário do assassinato do Presidente John F. Kennedy, lembro-me do papel proeminente desempenhado no planeamento da sua execução pública, em particular o papel desempenhado pelo MI6. Após 20 anos de extensa investigação sobre o assassinato do JFK, creio ter-me aproximado da verdade, tal como detalhado na monografia "O Assassinato do Presidente John F. Kennedy".

O assassinato não resolvido do Presidente Kennedy continua a ser um insulto grosseiro a tudo o que os Estados Unidos representam. Como é que nós, uma nação supostamente livre e soberana, permitimos que um crime seja encoberto ano após ano? Os nossos serviços de informação sabem quem são os perpetradores deste crime? Certamente sabemos que o assassinato de Kennedy foi levado a cabo em plena luz do dia diante de milhões de americanos como um insulto e um aviso de que o alcance do Comité dos 300 vai muito além do que nem mesmo o nosso mais alto funcionário eleito poderia defender?

Os autores do crime riem-se da nossa confusão, certos de que nunca serão levados à justiça, e da glória no sucesso do seu acto criminoso e da incapacidade de Nós, o Povo, de trespassar o véu corporativo que lhes esconde o rosto.

O encobrimento maciço do assassinato de Kennedy continua no local. Temos todos os detalhes de como o Comité de Assassinato da Câmara falhou no seu dever, ignorando provas concretas e agarrando-se a rumores frágeis; ignorando o facto óbvio de que as radiografias da cabeça de Kennedy, tiradas no Hospital Bethesda, foram manipuladas.

A lista de pecados do Comité de 300 e do seu criado, o Instituto Tavistock, é interminável. Porque é que a Comissão do Senado não fez qualquer esforço para investigar o estranho desaparecimento da certidão de óbito de Kennedy; uma prova vital, que deveria ter sido encontrada, não importa quanto tempo tenha demorado e não importa quanto tenha custado? O Almirante Burkely, o oficial naval que assinou o certificado, também não foi seriamente questionado sobre as circunstâncias que rodearam o estranho - muito estranho - desaparecimento inexplicável deste elemento de prova vital.

Devo deixar o assunto do assassinato de John F. Kennedy (que creio ter sido um projecto relacionado com o Tavistock) ao MI6 e ao chefe da Divisão 5 do FBI, Major Louis Mortimer Bloomfield. A CIA é cliente da Tavistock, como o são muitas outras agências governamentais dos EUA. Nas décadas decorridas desde o assassinato, nenhuma destas agências deixou de fazer negócios com a Tavistock. De facto, a Tavistock acrescentou muitas novas agências governamentais à sua lista de clientes.

Olhando para os meus documentos, descobri que em 1921, quando Reese fundou a Tavistock, esta estava sob o controlo dos serviços secretos britânicos SIS.

Assim, desde o seu início, Tavistock tem estado sempre estreitamente associado ao trabalho de inteligência, como ainda hoje acontece. O caso de Rudolph Hess pode ser de maior interesse do que secundário para alguns dos nossos leitores. Será lembrado que Hess foi assassinado por dois agentes do SIS na sua cela na prisão de Spandau na noite anterior à sua libertação.

A RIIA tinha receio que Hess fosse rebentar a tampa do que tinha sido mantido como um segredo obscuro; a relação estreita entre membros da oligarquia britânica - incluindo Winston Churchill - e a Sociedade Thule alemã, da qual Hess tinha sido o líder.

O facto de o Instituto Tavistock ter recebido o nome do 11 Duque de Bedford, Marquês de Tavistock, é mais do que interessante. O título passou ao seu filho, a Marchionesa de Bedford (12 do nome). Foi na sua propriedade que Hess aterrou para tentar acabar com a guerra. Mas Churchill não quis ouvir falar disso e ordenou que Hess fosse preso e encarcerado. A esposa do Duque de Bedford suicidou-se ao tomar uma overdose de comprimidos para dormir quando se tornou claro que Hess nunca seria libertado, mesmo quando a guerra acabasse.

Nas minhas obras *Quem Assassinou Rudolph Hess?* e *King Makers, King Breakers - The Cecils*, revelo quão próximo estava este parentesco virtual com Hess e outros membros importantes do círculo interior de Hitler até ao início da Segunda Guerra Mundial. Se Hess tivesse tido sucesso na sua missão com o Duque de Bedford, Churchill e quase toda a oligarquia britânica, teria sido exposto como fraude.

O mesmo teria acontecido se Hess não tivesse sido mantido como prisioneiro solitário em Spandau, em Berlim, preso à vista durante anos após o fim da Segunda Guerra Mundial por tropas da Grã-Bretanha, dos EUA e da URSS, contra toda a lógica e a um custo enorme (estimado em 50.000 dólares por dia).

Porque a Rússia em mudança sentiu que poderia embaraçar a América e a Grã-Bretanha - especialmente a Grã-Bretanha, anunciou subitamente que Hess seria libertado. Os britânicos não podiam correr o risco de ter os seus senhores da guerra expostos, pelo que foi dada ordem para matar Hess.

Tavistock fornece serviços de natureza sinistra a estas pessoas que se encontram por todos os Estados Unidos, em todas as grandes cidades. Têm as principais figuras destas cidades na palma da mão, quer seja na polícia, no governo da cidade ou em qualquer outra autoridade.

Este é também o caso em todas as cidades, onde os Illuminati e os Maçons Livres se juntam à Tavistock no exercício dos seus poderes secretos e espezinhando a Constituição e a Carta dos Direitos.

Só nos podemos perguntar quantas pessoas inocentes estão hoje na prisão por não terem sido informadas da sua Constituição e Carta de Direitos; todas as vítimas de Tavistock. Veja cuidadosamente a série de televisão "COPS".

Este é um documento Tavistock padrão sobre controlo mental e formação de opinião. Contém todas as possíveis violações dos direitos constitucionais das pessoas detidas ou presas pela polícia. É minha firme convicção que o COPS foi concebido para condicionar o público a acreditar que as violações grosseiras dos direitos a que assistimos são a norma, que a polícia tem realmente poderes excessivos, e que as salvaguardas constitucionais a que cada cidadão tem direito não existem na prática. O programa COPS é um programa muito insidioso de lavagem ao cérebro e controlo de opinião, e não seria de todo surpreendente encontrar o Tavistock envolvido neste programa algures.

CAPÍTULO 33

Interpol nos EUA: a sua origem e objectivo revelados

Entre as muitas agências internacionais que a Tavistock serve está o serviço de inteligência privada de David Rockefeller, mais conhecido como INTERPOL. É uma completa violação das suas obrigações legais que esta entidade ilegal seja autorizada a continuar a operar em propriedade federal em Washington, D.C. e sob protecção governamental. (A lei norte-americana proíbe as agências policiais privadas estrangeiras de operarem na América. A INTERPOL é uma agência policial estrangeira privada que opera em solo americano enquanto o Congresso olha para o outro lado, para que um dia não seja forçada a apreender esta urtiga irritante e a arrancá-la pelas raízes).

O que é a INTERPOL? O Departamento de Justiça dos EUA tenta explicar a INTERPOL, evitando as questões cruciais. De acordo com o seu manual de 1988,

> "A Interpol opera numa base intergovernamental, mas não se baseia num tratado ou convenção internacional ou em documentos jurídicos semelhantes. Foi fundada sobre uma constituição desenvolvida e redigida por um grupo de agentes policiais que não a submeteram para assinatura diplomática, e nunca a submeteram para ratificação pelos governos".

Que interessante! Que admissão! Se a Interpol não espezinhar a Constituição dos EUA, então nada o faz. Onde estão os cães de guarda na Câmara e no Senado? Será que têm medo do Tavistock e do seu poderoso apoiante, David Rockefeller? O Congresso tem medo do Comité dos 300? Pelo menos é isso que parece. A Interpol é uma entidade ilegal que opera dentro das fronteiras dos

Estados Unidos, sem a sanção e aprovação do Nós o Povo, em clara violação da Constituição dos EUA e das constituições de todos os 50 estados.

Os seus membros são nomeados por vários governos nacionais sem qualquer consulta com o governo dos EUA. A lista de membros nunca foi submetida a uma comissão da Câmara ou do Senado.

A sua presença nos Estados Unidos nunca foi sancionada por um tratado. Isto levou a uma série de acusações de que alguns governos controlados por drogas - Colômbia, México, Panamá, Líbano e Nicarágua - podem estar a escolher como seus representantes pessoas envolvidas no comércio de drogas.

De acordo com Beverly Sweatman do National Central Bureau (NCB) do Departamento de Justiça dos EUA (cuja existência constitui em si uma violação da Constituição), esta agência governamental dos EUA existe apenas para trocar informações com a Interpol.

Detido e controlado por David Rockefeller, a Interpol é uma agência privada com uma rede mundial de comunicações, fortemente envolvida de uma forma ou de outra no tráfico de droga, do Afeganistão ao Paquistão e aos Estados Unidos.

A interacção do Tenente-Coronel Nivaldo Madrin do Panamá, General Guillermo Medina Sanchez da Colômbia, e certos elementos da Polícia Federal Mexicana com o estatuto da Interpol é consistente com isto. A história do seu envolvimento no tráfico de droga ao serviço da Interpol é demasiado longa para ser repetida aqui, mas é suficiente para dizer que é sórdida.

No entanto, apesar de a Interpol ser uma organização privada, foi-lhe concedido "estatuto de observador" pelas Nações Unidas (ONU) em 1975, o que lhe permite (em total violação da Carta das Nações Unidas) participar em reuniões e votar resoluções, apesar de não ser uma organização de um país membro da ONU e de não ter estatuto governamental. De acordo com a Carta da ONU, apenas os Estados (na definição completa da palavra) podem ser membros da ONU. Uma vez que a Interpol não é um

Estado, porque é que a ONU está a violar a sua própria carta?

Acredita-se que a ONU conta fortemente com as redes da Interpol para a ajudar a encontrar armas privadas nas mãos de cidadãos americanos que as detêm ao abrigo dos seus direitos de Segunda Emenda, uma vez que a ONU tenha assinado um "tratado" com a União Europeia.

O governo dos EUA deve desarmar todas as populações civis nos estados membros.

Onde estão os legisladores americanos que supostamente devem apoiar e defender a Constituição dos EUA? Onde estão os grandes estadistas de outrora? A Interpol mostra que o que temos em vez disso são políticos que se tornaram legisladores que não fazem cumprir as leis que fazem, aterrorizados de corrigir os erros óbvios que abundam em todos os lados, porque se mantivessem o seu juramento de posse, seria mais do que provável que se encontrassem fora dos seus confortáveis empregos.

Para recapitular algumas das informações já fornecidas: O Instituto Tavistock foi estabelecido em Sussex, Inglaterra, em 1921, por ordem da monarquia britânica, para efeitos de controlo da mente e formação da opinião pública, e para estabelecer, numa base científica cuidadosamente pesquisada, quando a mente humana entraria em colapso se sujeita a episódios prolongados de sofrimento psicológico. Mostraremos mais tarde que foi fundada antes da guerra pelo 11 Duque de Bedford, o Marquês de Tavistock.

No início da década de 1930, a fundação dos irmãos Rockefeller também deu uma contribuição significativa para a Tavistock.

É de notar que muitos dos principais praticantes do controlo da mente e da modificação do comportamento estavam, e ainda estão, estreitamente associados a sociedades secretas que abraçam os cultos de muitas ideias e crenças diferentes, incluindo Isis-Orsiris, Kabala, Sufi, Cathar, Bogomil e o misticismo Bahai (maniqueísmo).

Para os não iniciados, a própria ideia de que as instituições de prestígio e os seus cientistas estão envolvidos com cultos, ou mesmo o satanismo e os iluministas, é difícil de acreditar. Mas a ligação é real. Podemos ver porque é que a Tavistock estava tão interessada nestes assuntos.

Os incidentes de tiroteios escolares aleatórios por jovens sob longos períodos de stress e a influência de drogas viciantes são notáveis, na medida em que, em muitos destes trágicos acontecimentos, os perpetradores quase sempre afirmam que foram dirigidos "por vozes" para realizar o seu trabalho mortal. Não há dúvida de que o controlo da mente esteve em acção nestes casos trágicos. Infelizmente, veremos muitos mais episódios tão dramáticos antes do público perceber o que se está a passar.

O culturalismo, o controlo da mente, a aplicação do stress psicológico e a modificação do comportamento fazem tudo parte do que é ensinado pelos cientistas Tavistock. De facto, alarmada por fugas de informação mostrando a sua ligação com cientistas Tavistock, a Câmara dos Comuns britânica aprovou um projecto de lei que torna legal que locais como Tavistock conduzam aquilo a que o projecto de lei chama "investigação física".

No entanto, o termo "investigação física" é tão ambíguo que levanta sérias dúvidas sobre se realmente significa o que diz ou se, como alguns críticos têm argumentado, é apenas um termo usado para cobrir o que está realmente a acontecer.

Em qualquer caso, a Tavistock não estava preparada para levar o público a depositar a sua confiança. Mas posso afirmar com absoluta certeza que os agentes do MI6 e da CIA dos serviços de inteligência britânicos são treinados no Tavistock em metafísica, controlo da mente, modificação do comportamento, ESP, hipnotismo, ocultismo, satanismo, iluministas e cultos maniqueístas.

Não se trata aqui apenas de crenças baseadas em relíquias da Idade Média. É uma força maligna ensinada de uma forma que fará a diferença no controlo da mente de uma forma que não teria sido possível há apenas alguns anos. Farei esta previsão sem medo de contradição: Nos próximos anos, descobriremos que todos os tiroteios aleatórios nas escolas, correios, centros comerciais, não foram de todo tiroteios aleatórios. Foram perpetrados por sujeitos condicionados, controlados pela mente, que foram cuidadosamente pesquisados e colocados em drogas perigosas que alteram o humor, como Prozac, AZT e Ritalin.

O denominador comum entre vários destes tiroteios aleatórios, começando por David Berkowitz, o chamado assassino "Filho de Sam"; todos eles, sem excepção, disseram aos investigadores que "ouviram vozes" a dizer-lhes para atirar nas pessoas.

O caso de Klip Kinkel, o jovem do Oregon que alvejou a sua mãe e o seu pai, antes de disparar contra a sua escola secundária, é a confissão que ele fez aos investigadores que o interrogaram. Questionado sobre o porquê de ter alvejado a mãe e o pai, Kinkel disse que ouviu "vozes" a dizer-lhe para os alvejar. Ninguém será capaz de provar que Kinkel e os outros foram vítimas de experiências de controlo da mente da CIA ou que realmente "ouviram vozes" induzidas por uma transferência por programadores informáticos da DARPA.

A Comissão de Fiscalização da Câmara deve solicitar à CIA documentos de controlo da mente e analisá-los para uma ligação aos tiroteios escolares. Creio ser imperativo que tal ordem seja enviada à CIA sem mais delongas.

Para além da minha própria investigação sobre o tema "pesquisa física", Victor Marachetti, que trabalhou na CIA durante 14 anos, revelou a existência de um programa de pesquisa física concebido por Tavistock, no qual agentes da CIA tentaram contactar os espíritos de antigos agentes falecidos. Como disse na minha monografia acima mencionada, tive uma vasta experiência pessoal nos campos "metafísicos" e sei de fonte segura que muitos agentes dos serviços secretos britânicos e americanos estão doutrinados neles.

Tavistock chama-lhe "ciência comportamental", e progrediu tão rapidamente nos últimos dez anos que se tornou um dos mais importantes tipos de formação que os oficiais podem seguir. Nos programas ESP da Tavistock, cada participante é um 'voluntário', concordando em ter a sua personalidade 'correlacionada' com ESP, ou seja, concordando em ajudar a Tavistock a encontrar uma resposta para a questão de porque algumas pessoas são psíquicas e outras ESP.

O objectivo do exercício é tornar cada agente MI6 e da CIA altamente psíquico e dotado de um ESP altamente desenvolvido. Como já passaram vários anos desde que estive directamente envolvido nestes assuntos, consultei um colega que ainda está no "serviço", para saber o sucesso das experiências do Tavistock? Ele disse-me que Tavistock tinha de facto aperfeiçoado as suas técnicas e que agora era possível tornar certos agentes do MI6 e da CIA "ESP-perfect". É necessário explicar aqui que a CIA e o MI6 mantêm um grau muito elevado de sigilo sobre estes assuntos.

A maioria dos agentes de inteligência envolvidos nos programas são na sua maioria membros dos Illuminati ou da Maçonaria, ou de ambos. Em suma, a técnica da "penetração de longo alcance" aplicada com tanto sucesso ao mundo normal está agora a ser aplicada ao mundo dos espíritos!

O programa de Penetração de Longo Alcance e Condicionamento Direcional Interno da Tavistock, desenvolvido pelo Dr Kurt Lewin, que já conhecemos algumas vezes, é principalmente um programa onde o controlo do pensamento é praticado em grupos de massa. O que deu origem a este programa foi o uso generalizado de propaganda pelo Gabinete de Guerra Psicológica do Exército Britânico durante a Primeira Guerra Mundial. Esta propaganda intensiva tinha como objectivo convencer os trabalhadores britânicos de que a guerra era necessária. O seu objectivo era também convencer o público britânico de que a Alemanha era um inimigo e que o seu líder era um verdadeiro demónio.

Este esforço maciço teve de ser lançado entre 1912 e 1914 porque a classe operária britânica não acreditava que a Alemanha queria a guerra, nem o povo britânico queria a guerra, nem sequer odiava os alemães. Toda esta percepção pública teve de ser alterada. Uma tarefa secundária, mas não menos importante, do gabinete era levar a América para a guerra. Um elemento chave deste plano era provocar a Alemanha a afundar o 'Lusitânia', um grande transatlântico modelado no Titanic.

Apesar dos avisos em anúncios de imprensa num jornal de Nova Iorque de que o navio tinha sido convertido num cruzador mercante armado (AMC) e era, portanto, um jogo justo para as Convenções de Genebra, o Lusitânia navegou para Liverpool com uma tripulação completa de passageiros, incluindo várias centenas de passageiros americanos.

Os porões do navio foram cheios com uma grande quantidade de munições para o exército britânico, cujo transporte por transatlânticos era proibido pelas regras internacionais de guerra.

Na altura em que foi atingido por um único torpedo, a Lusitânia era essencialmente um cruzador mercante armado (AMC). A imprensa de ambos os lados do Atlântico foi inundada por histórias de barbárie alemã e pelo ataque não provocado a um transatlântico indefeso, mas o público americano e britânico, ainda a precisar de ser "condicionado", não acreditou na história. Eles sentiram que havia "algo podre no estado da Dinamarca". O afundamento do Lusitânia, com pesadas perdas de vidas, foi o tipo de "situação artificial" de que o Presidente Wilson precisava e inflamou a opinião pública americana contra a Alemanha.

Aproveitando esta experiência, o Gabinete de Guerra Psicológica do Exército Britânico criou o Tavistock Institute for Human Relations sob as ordens da monarquia britânica e colocou o magnata da imprensa britânica Alfred Harmsworth, filho de um advogado nascido em Chapelizod, perto de Dublin. Mais tarde foi-lhe dado o título de 12 Duque de Bedford, Lord Northcliffe.

Em 1897, quando a guerra se aproximava, Harmsworth enviou um dos seus editores, G. W. Steevens, à Alemanha para escrever um artigo de dezasseis partes intitulado *Under the Iron Heel*.

Na verdadeira psicologia inversa, os artigos elogiaram o exército alemão enquanto advertiam que a nação britânica seria derrotada se a guerra eclodisse contra a Alemanha.

Em 1909, Northcliffe encarregou Robert Blatchford, um

socialista sénior, de viajar para a Alemanha e escrever sobre o perigo que o exército alemão representava para a Grã-Bretanha. O tema de Blatchford era que ele acreditava, a partir das suas observações, que a Alemanha estava "deliberadamente a preparar-se para destruir o Império Britânico". Isto correspondia à previsão de Northcliffe publicada no *Daily Mail* (um dos seus jornais) em 1900, de que haveria uma guerra entre a Alemanha e a Grã-Bretanha. Northcliffe escreveu um editorial que diz que a Grã-Bretanha deveria gastar mais do seu orçamento na defesa.

Quando a guerra eclodiu, Northcliffe foi acusado pelo editor de *The Star* de espalhar um clima de guerra.

"Depois do Kaiser, Lord Northcliffe fez mais do que qualquer outro homem vivo para levar a cabo a guerra".

O pobre editor não sabia que ele próprio se tinha tornado vítima de propaganda, pois o Kaiser pouco tinha feito para promover a guerra e era considerado com algum desdém pelo establishment militar britânico. Os historiadores concordam que o Kaiser não estava em posição de controlar o exército alemão. Era ao General Ludendorff que *The Star* deveria ter-se referido. Foi Northcliffe que começou a fazer campanha para o recrutamento no próprio dia em que rebentou a guerra entre as duas nações.

Era uma instituição onde todos os aspectos da lavagem ao cérebro em massa e do condicionamento público seriam elevados a uma arte de arte. Uma política e um conjunto de regras foram estabelecidos, culminando na "penetração de longo alcance e condicionamento direccional interior" de Tavistock de 1930, que foi desencadeada contra a Alemanha em 1931.

No período que antecedeu os primeiros anos da Segunda Guerra Mundial, Roosevelt (ele próprio um maçom de 33 graus e membro dos Illuminati através da Sociedade de Cincinnati) procurou a ajuda de Tavistock para levar os EUA para a guerra. Roosevelt foi incumbido pelos "300" de ajudar a tirar as castanhas britânicas do fogo, mas para o fazer precisava de um incidente grave para pendurar o seu chapéu.

Durante todo o período 1939-1941, submarinos da Marinha dos

EUA baseados na Islândia atacaram e afundaram navios alemães, embora as leis de neutralidade proibissem o envolvimento em hostilidades com combatentes. Mas a Alemanha não foi atraída para a retaliação. O principal incidente que precipitaria a entrada da América na Segunda Guerra Mundial foi o ataque do Japão a Pearl Harbor. Foi uma conspiração Tavistock contra ambas as nações. A fim de facilitar este ataque, o Secretário de Estado Marshall recusou-se a encontrar-se com os emissários japoneses que procuravam evitar o conflito que se aproximava.

Marshall também atrasou deliberadamente o aviso ao seu comandante em Pearl Harbor até depois de o ataque ter começado. Em suma, tanto Roosevelt como Marshall estavam cientes do ataque iminente, mas ordenaram deliberadamente que a informação não fosse transmitida aos seus oficiais no terreno em Pearl Harbor. Tavistock tinha dito a Roosevelt que "apenas um incidente importante" traria a América para a Segunda Guerra Mundial. Stimson, Knox e Roosevelt estavam cientes do ataque iminente, mas não fizeram nada para o impedir.

De vez em quando, pessoas atenciosas têm-me perguntado:

"Mas será que líderes como Lord Haig, Churchill, Roosevelt e Bush não se dariam conta do número de vidas que se perderiam numa guerra mundial? "

A resposta é que, como indivíduos programados, os 'grandes homens' não se preocuparam com o elevado custo na vida humana. O General Haig - um notório Maçon, Iluminista e Satanista - declarou em mais do que uma ocasião a sua antipatia pelas classes baixas britânicas, e provou-o enviando onda após onda de "privados britânicos" contra linhas alemãs inexpugnáveis, uma táctica que qualquer estratega militar decente teria evitado.

Devido ao insensível desrespeito de Haig pelas suas próprias tropas, centenas de milhares de jovens soldados britânicos das "classes mais baixas" morreram tragicamente e desnecessariamente. Isto fez com que o público britânico odiasse a Alemanha, tal como a Agência de Guerra Psicológica do Exército Britânico tinha previsto. Muito do que eu incluí neste livro foi deliberadamente deixado de fora da primeira exposição. Não pensei que o povo americano estivesse pronto para compreender o lado metafísico do Tavistock. Não se pode alimentar um bebé com carne; o leite vem primeiro. Ao introduzir o Tavistock desta forma, muitas mentes foram abertas que de outra forma teriam permanecido fechadas.

CAPÍTULO 34

Os cultos da Companhia das Índias Orientais

Durante séculos, a oligarquia britânica tem sido o lar do ocultismo, metafísica, misticismo e controlo da mente. Bulwer Lytton escreveu *The Secrets of the Egyptian Book of the Dead*, e muitos dos adeptos da Sociedade Teosofista de Annie Besant vieram das classes altas britânicas, que ainda hoje são populares entre eles. Os descendentes dos cátaros e albigenses do sul de França e do norte de Itália tinham emigrado para Inglaterra e adoptado o nome "Savoyard". Antes deles foram os Bogomils dos Balcãs e os Pelicanos da Ásia Menor. Todas estas seitas tiveram a sua origem nos Maniqueus da Babilónia.

O Instituto Tavistock fez incursões neste tipo de ocultismo utilizando algumas das suas técnicas de controlo da mente desenvolvidas por Kurt Lewin e a sua equipa de investigadores. (Ver *The Committee of 300* para mais detalhes).

A East India Company (EIC) e mais tarde a British East India Company (BEIC) foram os membros originais dos '300', cujos descendentes governam hoje o mundo. O ópio e o comércio de droga foram a base do comércio na altura, e assim permaneceram. Desta estrutura complexa e altamente organizada, nasceu o socialismo, o marxismo, o comunismo, o nacional-socialismo e o fascismo.

A partir de 1914, foram realizadas extensas experiências de controlo da mente em Cold Spring Harbor, Nova Iorque, o centro de eugenia racial patrocinado pela Sra. E.E. Harriman, mãe de Averill Harriman, então Governadora do Estado de Nova Iorque,

que se tornou uma figura pública e política de destaque nos Estados Unidos e na Europa.

A grande senhora derramou milhões de dólares do seu próprio dinheiro no projecto e convidou cientistas alemães a participar no fórum. Muitas das técnicas de controlo mental de Tavistock, especialmente a técnica de "psicologia inversa" ensinada por Reese, tiveram origem em Tavistock e são agora a base para exercícios de controlo mental concebidos para implantar na mente do público americano a ideia de que as raças negras e coloridas são superiores à raça branca, "racismo" em sentido inverso.

Os cientistas alemães foram convidados a assistir às doutrinas de Cold Harbor pela Sra. Harriman e pelo seu grupo, composto por alguns dos principais cidadãos da época (1915). Após um ou dois anos em Cold Spring Harbor, o contingente alemão regressou à Alemanha e, sob Hitler, pôs em prática a eugenia racial aprendida em Cold Spring Harbor. Toda esta informação permaneceu escondida do povo americano até ser exposta no meu livro *Codeword Cardinal* e em várias monografias que antecederam esse livro, e depois no meu livro *Aids-The Full Disclosure*.

Tavistock e a Casa Branca

As técnicas de condicionamento da mente Tavistock têm sido consistentemente utilizadas nos Estados Unidos por algumas das mais altas e importantes figuras políticas da nossa história, começando com Woodrow Wilson e continuando com o Presidente Roosevelt. Cada presidente americano depois de Roosevelt tem estado sob o controlo do "300" e do Instituto Tavistock.

Roosevelt era um típico sujeito programado e mentalmente controlado, treinado na metodologia Tavistock. Falou de paz enquanto se preparava para a guerra. Apreendeu poderes a que não tinha direito nos termos da Constituição dos EUA, citando as acções ilegais do Presidente Wilson como autoridade, e depois explicou as suas acções através de "conversas à lareira", que era uma ideia Tavistock para enganar o povo americano. Tal como outro robô Tavistock, James Earl Carter, e o Presidente Bush, seu sucessor, convenceram o povo americano de que tudo o que ele fez, mesmo que fosse flagrantemente inconstitucional, foi feito no seu interesse. Isto não foi como Roosevelt, que sabia perfeitamente bem que estava a fazer mal, mas que, no entanto, cumpriu a sua tarefa e o seu mandato da Família Real Britânica de Tavistock com entusiasmo, e com um total desrespeito pela vida humana, como é o caso de todos os ocultistas.

Quando o Presidente Bush, o mais velho, ordenou a invasão do Panamá, foi uma acção manifestamente inconstitucional que custou a vida a 7.000 panamenhos, mas que não manteve o Sr. Bush acordado durante a noite, nem pestanejou com a morte de 150.000 soldados iraquianos na guerra (ilegal) não declarada contra o Iraque, que se seguiu ao seu "julgamento" para sondar a opinião pública.

Carter não era um estranho ao oculto; uma das suas irmãs era uma bruxa líder na América. Carter acreditava ser um "cristão nascido de novo", apesar de toda a sua carreira política ter sido levada a cabo com ideais e princípios socialistas e comunistas, que ele nunca hesitou em pôr em prática. Carter é um exemplo de uma verdadeira personalidade dividida, um produto puro do Tavistock. Isto foi notado por Hugh Sidey, um conhecido colunista da grande imprensa, que escreveu em Julho de 1979:

> "O Jimmy Carter que agora trabalha à porta fechada na Casa Branca não é o Jimmy Carter que viemos a conhecer nos primeiros 30 dias da sua presidência".

Carter, programado pelo graduado Tavistock Dr Peter Bourne, tinha passado pelas mãos de outro psicólogo Tavistock, o Almirante Hymen Rickover, durante a estadia de Carter em Annapolis.

Carter foi pré-seleccionado pelos Rothschilds como sendo admiravelmente adequado à formação especial, e como alguém que seria "adaptável às circunstâncias em mudança", disposto a desviar-se dos princípios.

John Foster Dulles é outra figura de Tavistock-indoctrinated que esteve perto da Casa Branca, servindo como Secretário de Estado. Dulles mentiu descaradamente a um Comité do Senado dos EUA durante as audiências das Nações Unidas (ONU), testemunhando descaradamente, sob juramento, a constitucionalidade da adesão dos EUA àquele organismo mundial.

Dulles deslumbrou e enganou os senadores sobre a constitucionalidade da adesão dos EUA à ONU e influenciou um número suficiente de senadores para votarem a favor do chamado tratado, que não é um tratado, mas um acordo ambíguo.

A Constituição dos EUA não reconhece "acordos", apenas tratados assinados pelas nações envolvidas. No entanto, o problema de Dulles era que a ONU não é um país. Assim, Tavistock contornou este obstáculo aconselhando o Departamento de Estado a chamar ao documento um "acordo". Dulles era um satanista, um iluminista e membro de várias sociedades ocultistas.

George Herbert Walker Bush é outro graduado certificado "produto treinado" do sistema de controlo mental Tavistock. As acções deste 33 grau Mason no Panamá e no Iraque falam por si só.

No Panamá, agindo sob ordens da RIIA e do CFR, Bush o mais velho tomou medidas para proteger o dinheiro da droga nos bancos de propriedade de Rockefeller no Panamá, depois do General Noriega ter revelado que dois deles eram instalações de lavagem de dinheiro na cadeia do comércio de droga.

Bush ordenou às forças armadas dos EUA que invadissem o Panamá sem ter a autoridade expressa na única forma constitucional, uma declaração de guerra conjunta da Câmara e do Senado do Congresso dos EUA, e em flagrante violação dos seus poderes constitucionais como Presidente.

Os Pais Fundadores proibiram expressamente o presidente de exercer poderes de guerra. Mas apesar desta falta de poder, Bush repetiu as suas flagrantes violações da Constituição dos EUA ordenando às forças armadas americanas que invadissem o Iraque, mais uma vez sem a declaração de guerra obrigatória e excedendo os seus poderes. O público americano "internamente condicionado", as vítimas chocadas da guerra de Tavistock, não moveu um músculo ao ver a Constituição ser despedaçada. Sua Majestade a Rainha Elizabeth II felicitou calorosamente Bush Sr. pela sua "bem sucedida" guerra contra o Iraque, e nomeou-o cavaleiro pelos seus actos de desafio à Constituição dos EUA. Esta não é a primeira vez que Elizabeth atribui altas honras aos violadores da lei americanos.

Os ocultistas e iluministas britânicos e americanos dos cartéis do petróleo ainda estão a travar uma guerra de atrito contra o Iraque em 2005. Não pararão até que ponham as suas mãos gananciosas e manchadas de sangue na riqueza petrolífera do Iraque, da mesma forma que Milner roubou o ouro bôer durante a Guerra Anglo-Boer (1899-1903).

Encontra-se a responder a esta informação de uma "forma inadequada"? Está a dizer: "Estas não podem ser as acções de um presidente americano? Isto é absurdo.

Se essa é a sua resposta inadequada, volte a sua atenção para a Guerra bôer e verá rapidamente que Bush estava meramente a imitar a barbaridade satânica dos generais Lord Kitchener e Lord Milner na sua guerra de extermínio contra a nação bôer. Do mesmo modo, vale a pena recordar que a tragédia de Waco começou sob a liderança de Bush, e que a vingança contra David Koresh foi liderada pelo líder do Partido Republicano.

Enquanto o Procurador Geral Reno e Clinton levavam a cabo a política de destruição pela qual Koresh foi condenado, George Bush desempenhou um papel de liderança na preparação da terrível operação em que Koresh e 87 dos seus apoiantes morreram.

Embora não seja geralmente conhecido, Tavistock esteve envolvido no planeamento e pode até ter liderado o ataque do FBI e da ATF a Koresh e aos Davidianos. Tavistock foi representado por unidades britânicas da SAS que tinham estado envolvidas no treino da ATF e do FBI sobre como destruir Koresh e os seus seguidores e queimar a sua igreja até ao chão. Waco era o satanismo profano das artes negras em acção, nada mais, nada menos.

O fim flamboyant de Koresh e dos seus seguidores é típico do satanismo em acção, embora a maioria dos que participaram neste crime hediondo e violação dos direitos humanos e dos direitos das vítimas sob 1er, 2, 5 e 10 não soubessem que estavam nas mãos de satanistas. Não faziam ideia de que estavam a ser utilizados por forças espirituais do tipo mais sombrio.

A enorme lavagem cerebral da América de Tavistock virou o público contra Koresh e os Davidianos, preparando o cenário para a destruição de vidas e propriedades em Waco, em total desrespeito pela Constituição e Carta de Direitos.

A destruição gratuita de vidas e bens inocentes por agentes do governo federal que não tinham jurisdição no Estado do Texas (ou em qualquer outro estado para esse efeito) e, portanto, nenhuma autoridade para fazer o que fizeram, violou a Emenda 10, a protecção dos cidadãos contra os excessos do governo federal. O Estado do Texas não interveio para impedir a violação da Emenda 10 que estava em curso em Waco, como era dever do Governador fazer nos termos da Constituição dos Estados Unidos e da Constituição do Estado do Texas.

Tavistock percorreu um longo caminho desde que Ramsey McDonald foi enviado para os EUA em 1895 para "espionar o país para o tornar conforme ao estabelecimento do socialismo". Ramsey relatou aos Fabianos que para os EUA se tornarem um estado socialista, as constituições estaduais e depois a constituição federal (nessa ordem) tinham de ser destruídas; Waco era a encarnação deste objectivo.

John Marshall, o terceiro Presidente do Supremo Tribunal dos Estados Unidos, e o caso Lopez, decidido pelo 9 Tribunal de Recurso, deixaram claro de uma vez por todas que os agentes federais não têm jurisdição dentro das fronteiras estaduais, excepto quando investigam a contrafacção de dólares americanos. Isto em si é um oximoro, porque os chamados "dólares americanos" não são dólares americanos, mas "Federal Reserve Notes" - não a moeda dos Estados Unidos, mas as notas de um banco central privado, não governamental.

Porquê proteger a fraude, mesmo que ela seja perpetrada pelo governo dos EUA? Quando a Constituição foi escrita, os Pais Fundadores sentiram que a sua rejeição de um banco central impediria qualquer operação fictícia como a Reserva Federal de existir. A disposição constitucional protege as notas do Tesouro dos EUA contra a contrafacção. É duvidoso que uma nota da Reserva Federal, que não é um dólar americano, gozasse da protecção da Constituição dos EUA.

Em Waco, o xerife não ordenou aos agentes Tavistock e ao FBI que abandonassem o condado porque o FBI não estava a investigar a falsificação de acordo com a Constituição dos EUA. O FBI esteve ilegalmente em Waco. Tudo fazia parte de um exercício cuidadosamente planeado para determinar até onde o governo federal poderia ir ao violar a Constituição antes de ser apanhado com falta de tempo.

Tal como as classes média e baixa britânicas foram inflamadas contra a Alemanha no início da Primeira Guerra Mundial pela falsa propaganda que o Kaiser tinha ordenado aos seus soldados que cortassem as armas das crianças pequenas quando invadiram a Bélgica e a Holanda, Tavistock programou os americanos para odiarem Koresh.

As mentiras de Tavistock sobre Koresh foram transmitidas dia e noite: Koresh teve relações sexuais com crianças muito pequenas no "complexo". A sua igreja, uma simples estrutura de madeira, foi chamada de "complexo" pelos controladores mentais de Tavistock. Outra das grosseiras mentiras de Tavistock foi que os Davidianos tinham um laboratório de anfetaminas no "complexo". O termo "composto" tornou-se assim uma palavra-chave no Tavistock.

Não é surpreendente que o Sr. Clinton tenha dado luz verde para os Davidianos serem gaseados, baleados, sujeitos a música maligna noite e dia, e finalmente queimados vivos. Através da falecida Pamela Harriman, o Sr. Clinton foi apresentado ao Tavistock e iniciou a doutrinação para o controlo da mente enquanto estava em Oxford. Foi subsequentemente introduzido ao socialismo/marxismo/comunismo antes de ser aprovado pelo Tavistock para suceder ao Sr. Bush que já tinha servido tempo suficiente.

Tavistock planeou e executou uma campanha massiva nos meios de comunicação usando o seu perfil nas sondagens para implantar Clinton na mente do povo americano como a pessoa mais adequada para liderar a nação.

Foi Tavistock que organizou a entrevista estritamente controlada de Clinton com a CBS, depois de Geniffer Flowers ter revelado que tinha sido seu amante durante os últimos 12 anos, e foi Tavistock que assumiu o controlo da reacção do povo americano à entrevista da CBS. Assim, graças à sua vasta rede de sondagens e opinião, a presidência Clinton não foi torpedeada, mas se Tavistock não tivesse controlado a entrevista da CBS do princípio ao fim, é certo que Clinton teria sido forçado a demitir-se em desgraça.

Se procura provas; se ainda estiver em "negação", então compare a fuga de Clinton com a condenação de Gary Hart por uma acusação muito menor. O primeiro advogado da Casa Branca da "nova era Aquariana" a ser formado na metodologia Tavistock foi Mark Fabiani. A sua capacidade de lidar com situações, que todos os observadores esperavam que afundasse Clinton, tornou-se o discurso de Washington.

Apenas 13 pessoas do círculo interno dos Illuminati e da hierarquia maçonaria conheciam o segredo do sucesso de Fabiani. Lanny Davis, que sucedeu a Fabiani, foi ainda mais bem sucedido. Conhecido como "Dr. Spin", Davis frustrou os planos de dois procuradores especiais, o Juiz Walsh e Kenneth Starr, e repeliu todos os ataques republicanos no Congresso, deixando o partido republicano em total desordem.

O advogado treinado pelo Tavistock liderou uma ousada rusga à multidão de inimigos do Congresso de Clinton. O golpe de mestre de Davis veio com as audições da Comissão Thompson sobre o financiamento da campanha do DNC e uma série de escândalos no Arkansas.

O plano Tavistock era simples, e como todos os planos simples, foi um golpe de génio. Davis reuniu todos os jornais do país que tinham publicado até a mais pequena história sobre os erros de Clinton, escândalos de angariação de fundos e Whitewater. No mesmo dia em que o comité Thompson estava em plena actividade, a beijar o sangue do presidente, um dos muitos ajudantes de Davis entrou à socapa na sala de audiências lotada e entregou a cada membro do comité uma pasta de recortes que Davis tinha compilado.

O dossier era acompanhado por um memorando assinado por Davis: o que a comissão estava a investigar a um custo de milhões de dólares não era mais do que uma colecção de "notícias antigas". O que havia para investigar quando as acusações contra Clinton foram noticiadas ontem?

Quando a Comissão Thompson foi derrotada, depois ficou sem vapor e saiu de circulação, foi uma grande vitória para Tavistock e para a Casa Branca. O Primeiro-Ministro Blair teve de usar a mesma fórmula para desarmar os críticos parlamentares que o acusaram de mentir sobre a razão pela qual ele foi para a guerra com Bush, o Jovem. Os relatos do *Daily Mirror* eram todos "notícias antigas", disse Blair em resposta ao que poderia ter sido uma pergunta condenatória. O deputado que fez a pergunta estava a liderar um movimento para impugnar Blair. Em vez de responder, Blair desviou a pergunta. Segundo as regras parlamentares, o deputado tinha tido a sua "vez" e não teria outra oportunidade de tentar forçar Blair a dizer a verdade.

CAPÍTULO 35

A indústria musical, controlo da mente, propaganda e guerra

Vale a pena notar que a influência da Tavistock na América tem crescido desde que lá abriu os seus próprios escritórios em 1946. Tavistock aperfeiçoou a arte da desinformação. Estas campanhas de desinformação começam com rumores cuidadosamente elaborados. Estes são geralmente plantados em círculos de direita, onde crescem e se espalham como fogo selvagem. Tavistock há muito que sabe que a ala direita é um terreno fértil para o crescimento e propagação de rumores.

Pela minha experiência, não passa um dia sem que me peçam para confirmar algum boato ou outro, normalmente por pessoas que deveriam saber melhor. A estratégia inteligente de difundir a desinformação através de rumores tem uma dupla vantagem:

1)   Isto dá uma aparência de credibilidade às histórias plantadas sobre os curadores.

2)   Quando a informação é comprovadamente falsa, a desinformação já manchou os seus provedores ao ponto de poder ser rotulada com segurança como "lunáticos", "conservadores de franjas paranóicas", "extremistas" e pior.

Da próxima vez que ouvir tal boato, pense longa e duramente sobre a sua origem antes de o transmitir. Lembre-se de como funcionam os manipuladores do Tavistock: quanto mais suculento for o rumor, maior a probabilidade de o espalhar, tornando-o uma parte involuntária da máquina de desinformação insidiosa do Tavistock.

Passando agora a outra área de especialização na qual Tavistock treina os seus licenciados, referimo-nos ao assassinato de políticos importantes que não podem ser comprados, e que devem ser silenciados. Os assassinatos dos presidentes dos EUA Lincoln, Garfield, McKinley e Kennedy estão todos ligados ao serviço secreto britânico MI6, e desde 1923, associados ao Instituto Tavistock.

O Presidente Kennedy provou ser impermeável ao controlo mental de Tavistock, pelo que foi escolhido para execução pública como um aviso àqueles que aspiram ao poder de que ninguém é superior ao Comité dos 300.

O espectáculo macabro da execução pública de Kennedy foi uma mensagem para o povo americano, uma mensagem de que talvez não estejam conscientes mesmo agora. Talvez o Instituto Tavistock tenha fornecido o projecto para a execução de Kennedy. Talvez também seleccionou cuidadosamente cada um dos participantes, começando por Lee Harvey Oswald, cuja mente era claramente controlada, até Lyndon Johnson, cujo controlo da mente não era tão óbvio. Aqueles que não se submeteram ou que procuraram expor a verdade sofreram várias penas, desde a vergonha até ao banimento da vida pública e até à morte.

Passamos do controlo da Tavistock sobre os presidentes dos EUA, passados e futuros, para a indústria da música e do entretenimento. Em lado nenhum é mais visível a lavagem ao cérebro de enormes segmentos do público americano do que na "indústria da música e do entretenimento". Décadas depois, pessoas mal orientadas e não iniciadas ainda se irritam comigo por ter revelado que os "Beatles" eram um projecto Tavistock. Agora espero que as mesmas pessoas que me dizem saber tudo sobre a história dos Beatles, que são músicos e eu não sou, questionem o seguinte:

Sabia que a música 'Rap' é outro programa Tavistock? Também o "Hip-Hop". Por mais inanas e idiotas que as palavras sejam (dificilmente podem ser chamadas "palavras"), foram concebidas pelo técnico de controlo mental e modificação de comportamento para se enquadrarem e se tornarem parte da agenda da guerra de gangs de Tavistock para as grandes cidades americanas. Os principais fornecedores desta "música" e, na verdade, de toda a chamada "música rock" e "pop" (desculpe o uso do jargão Tavistock) são :

➤ Time Warner

➤ Sony

➤ Bertelsman

➤ EMI

➤ O Grupo Capital

➤ Seagram Canada

➤ Philips Electronic

➤ As Índias

Time Warner

Têm receitas anuais de 23,7 mil milhões de dólares (números de 1996). O seu negócio de edição musical tem um milhão de canções através da sua subsidiária Warner Chappell. Estas incluem canções de Madonna e Michael Jackson. Imprime e publica partituras. As etiquetas de rap e pop da Time Warner incluem Réptil Anfetamina, Asylum Sire, Rhino, Maverick, Revolution, Luka Bop, Big Head Todd e The Monsters comercializados pela Warner REM.

A Time Warner também distribui etiquetas musicais alternativas através da sua subsidiária. Aliança de Distribuição Alternativa, que cobre a maior parte da Europa, e é particularmente forte em Inglaterra e na Alemanha. Não é coincidência que estes dois países tenham sido visados pelos manipuladores de Tavistock.

O incitamento, na sua maioria subliminar mas cada vez mais explícito, à violência, ao sexo desenfreado, ao anarquismo e ao satanismo é abundante nas canções propagadas pela Time Warner. Este domínio quase sectário da juventude europeia ocidental (e desde a queda da URSS, está também a rastejar para a Rússia e Japão) ameaça a civilização europeia, que levou milhares de anos a construir e amadurecer. A imensa popularidade dos jovens e o seu aparentemente insaciável apetite por este tipo de "música" de lixo é assustador de se ver, tal como o Tavistock se agarra à mente daqueles que a ouvem.

A Time Warner distribui música através de clubes de música, de que é proprietária ou parceira com outros. A Columbia House é um exemplo. A Sony tem uma participação de 50% na Columbia House.

A divisão de fabrico da Time Warner, WEA, fabrica CDs; CD-ROMS, áudio, vídeo, discos multiusos digitais, enquanto outra filial, Ivy Hill, imprime capas e encartes de CD. American Family Enterprises, outra subsidiária, comercializa música, livros e revistas numa joint-venture de 50% com a Heartland Music.

A Time Warner Motion Pictures é proprietária de estúdios e produtoras, incluindo a Warner Bros, Castle Rock Entertainments e New Line Cinemas. A Time Warner Motion Pictures tem 467 teatros nos Estados Unidos e 464 teatros na Europa (números de 1989: os números são hoje muito mais elevados em 2005).

A sua rede de difusão inclui WB Network, Prime Star; Cinemax, Comedy; Central Court TV; SEGA Channel; Turner Classic Movies (Ted Turner detém 10% das acções da Time Warner).

Emite na China, Japão, Nova Zelândia, França e Hungria. A sua franquia por cabo conta com 12,3 milhões de assinantes.

TV/Produção/Distribuição: Warner Bros Television; HBO Produções Independentes, Warner Bros. Television Animations; Telepictures Productions; Castle Rock Television; New Line Television, Citadel Entertainment; Hanna Barbara Cartoons; World Championship Wrestling; Turner Produções Originais; Time Warner Sports; Turner Learning; Warner Home Videos. A sua biblioteca inclui 28.500 títulos de televisão e calções animados.

A Time Warner é proprietária da rádio CNN, adquirida a Ted Turner. Também possui 161 lojas, Warner Books, Littel, Brown, Sunset Books, Oxmoor House e o Clube do Livro do Mês.

A Time Warner é proprietária das seguintes revistas: Pessoas; Desporto Ilustrado; Tempo; Fortuna; Vida; Dinheiro; Entretenimento; Semanal; Agricultor Progressivo; Acentos do Sul; Pais; Saúde; Hipócrates; Asiaweek; Vigilantes do Peso; Mad Magazine; D.C. Comics; American Express Viagens e Lazer; Comida e Vinho. A Time Warner também é proprietária de vários parques temáticos: Six Flags; Warner Bros; Movie World; Sea World of Australia.

Espero que neste momento o leitor tenha tempo para reflectir sobre o enorme poder para o bem ou para o mal que repousa nas mãos da Time Warner. Claramente, este gigante pode fazer ou quebrar qualquer um. E depois, lembre-se, é um cliente do Instituto Tavistock. É assustador contemplar o que esta poderosa máquina poderia fazer à opinião pública e moldar as mentes dos jovens, como vimos com os Gay Days na Disney World.

SONY

As receitas da Sony em 1999 foram estimadas em 48,7 mil milhões de dólares. É a maior empresa de electrónica do mundo. A sua divisão de música controla Rock/Rap/Pop; Columbia; Rutthouse; Legacy Recordings; Sony Independent Label; MIJ Label; (Michael Jackson); Sony Music Nashville; Columbia Nashville. A Sony é proprietária de milhares de etiquetas de Rock/Pop incluindo Bruce Springsteen; So-So Def; Slam Jazz; Bone Thugs in Harmony; Rage Against the Machine; Razor Sharp; Ghost-Face Killa; Crave; e Ruthless Relativity.

Se alguma vez se perguntou como é que esta idiotice horrível, com as suas palavras altamente sugestivas e o seu incitamento à violência, poderia ter crescido tanto num espaço de tempo tão curto, agora já sabe. É apoiado à distância de um braço pela Sony. Tavistock há muito que vê o Rap como um mensageiro útil para preceder a anarquia e o caos - que se está a aproximar cada vez mais.

A Sony distribui a editora de punk rock alternativa Epitaph Record; Hell Cat; Rancid; Crank Possum Records e Blue Sting Ray's Epitome Surf Music. Além disso, a Sony publica música através da Sony/ATV Music Publishing. A Sony é proprietária de todas as "canções" de Michael Jackson e de quase toda a gama dos "Beatles".

A Sony é proprietária dos Loews Theatres, Sony Theatres, e os seus interesses televisivos incluem programas de jogos. Tem cerca de 15% do mercado de vendas de música, partituras, e é a maior empresa de música internacional do mundo. Outros produtos Sony incluem CDs, discos ópticos, cassetes de áudio e vídeo.

A propriedade Loews Hotel em Monte Carlo é um centro de informação para o tráfico de droga, e os seus empregados reportam directamente à polícia de Monte Carlo qualquer "actividade suspeita" que ocorra no hotel.

(Por "suspeito" entendemos qualquer pessoa de fora que tente entrar no negócio). Vários dos funcionários de recepção de alto nível são treinados pela polícia de Monte Carlo para se manterem atentos às coisas.

O objectivo não é erradicar o tráfico de droga, mas simplesmente impedir que os "upstarts" entrem no tráfico de droga. Os "forasteiros" que chegam ao Hotel Loews são informados e rapidamente presos. Estes eventos são vendidos à imprensa e aos meios de comunicação social mundiais como "rusgas policiais". A divisão da Sony Motion Pictures consiste em Columbia Pictures; Tri-Star Pictures; Sony Pictures; Classic Triumph; Triumph Films com direitos sobre os filmes Tri-Star da Columbia Home. Os seus interesses televisivos incluem programas de jogos.

Bertelsman

Uma empresa privada alemã detida por Reinhard Mohn, o seu

volume de negócios foi estimado em 15,7 mil milhões de dólares em 1999. Bertelsman é proprietário de 200 selos de música em 40 países, abrangendo Rap/Rock/Pop. Whitney Houston; The Grateful Dead: Bad Boys: Ng Records, Volcano Enterprises; Dancing Cat; Addict; Gee Street (Jungle Brothers) e Global Soul. Todos estes títulos contêm incitações explícitas a aberrações sexuais, consumo de drogas, desrespeito pela lei e violência. Bertelsman é proprietário das propriedades Country & Western Arista Nashville (Pam Tillis); Career (LeRoy Parnell) RCA Label Group; BNA (Lorrie Morgan.) Outros títulos que possui são a banda sonora de Star Wars; Boston Pops; New Age e Windham Hill, etc. A empresa publica partituras através da BMG Music, que controla os direitos a 700.000 canções, incluindo os Beach Boys, B.B. King, Barry Manilow e 100.000 famosas músicas da Paramount Studios. Possui sete clubes de música nos EUA e Canadá, e fabrica cartões de crédito para o Banco MBNA.

Bertelsman A.G. faz um extenso trabalho de livraria em todo o mundo e é uma afiliada do Comité de 300.

As explorações da Bertelsmann incluem Doubleday; Dell Publishers; Family Circle; Parent and Child; Fitness; American Homes and Gardens, com 38 revistas em Espanha, França, Itália, Hungria e Polónia. Os canais de televisão e satélite de Bertelsman encontram-se na Europa, onde é o maior radiodifusor. A empresa é muito vingativa e não hesitará em atacar qualquer um que ouse revelar o que pensa não ser do seu interesse.

EMI

Uma empresa britânica com um volume de negócios estimado de 6 mil milhões de dólares em 1999, é proprietária de sessenta gravadoras em quarenta e seis países: Rock/Pop/Rap; Beetle Boys; Chrysallis; Grand Royal; Parlaphone; Pumpkin Smashers; Virgin; Point Blank.

A EMI possui e controla os Rolling Stones, Duck Down, No Limit, N00 Tribe, Rap-A-Lot (The Ghetto Boys) e um enorme negócio de edição de partituras. Tem um interesse directo ou total em 231 lojas em sete países, incluindo HMV, Virgin Megastores: Dillons (EUA). A EMI tem estações de rede em toda a Grã-Bretanha e Europa, algumas das quais trabalham em conjunto com a Bertelsmann.

O Grupo Capital

O grupo de investimento baseado em Los Angeles vendeu 35% das suas acções à Seagram's, a companhia espirituosa dos Bronsteins e um membro sénior do Comité de 300. A Seagram's tem uma participação de 80% na Universal Music Group (antiga MCA), agora propriedade da Matushita Electric Industries.

As suas receitas de 1999 foram estimadas em 14 mil milhões de dólares. A Seagram possui mais de 150.000 direitos de autor, incluindo Impact: Mechanic; Zebra; Radioactive Records; Fort Apache Records; Heavy D and the Boys.

O Capital Group tem joint ventures com Steven Spielberg, Jeffrey Katzenburg e David Geffen. Na sua divisão Country and Western, a empresa é proprietária de Reba McIntyre, Wynona, George Straight; Dolly Parton; Lee Anne Rimes e Hank Williams.

Através da Seagram, a empresa é proprietária da Fiddler's Green (Denver); Blossom Music Center (Cleveland); Gorge Amphitheater (Washington State); Starplex (Dallas). Expandiu-se para Toronto e Atlanta. O Grupo Capital, através da sua divisão Motion Picture, é proprietário de Demi Moore, Danny De Vito, Penny Marshall e de uma série de pequenas figuras da indústria cinematográfica. A Biblioteca da Universal Films é propriedade do Grupo Capital, tal como a Biblioteca da Universal Films. A empresa é proprietária de 500 lojas de retalho, vários hotéis e Universal Studios em Hollywood.

As Índias

Uma das mais pequenas empresas da indústria musical e do

entretenimento, as suas receitas anuais estão estimadas em 5 mil milhões de dólares. A empresa tem uma carteira substancial de etiquetas Rock/Rap/Pop, na sua maioria do género mais esquisito.

A sua divisão Country e Western é proprietária de Willie Nelson e a distribuição é feita através das Seis Grandes. Mesmo sem possuir lojas de retalho ou pontos de venda independentes, a empresa conseguiu captar uns espantosos 21% das vendas de música nos EUA.

Importante, a maior parte do seu rendimento provém das vendas de bizarros Rap/Pop/Rock com títulos violentos, abusivos, linguagem grosseira, sexualmente sugestivos, anarquia - o que mostra a direcção que a juventude americana está a tomar.

Philips Electronic

Esta empresa holandesa teve vendas de 15,8 mil milhões de dólares em 1996. Embora seja principalmente uma empresa de electrónica, está na categoria "Seis Grandes", principalmente porque é proprietária de 75% da Polygram Music. A sua carteira de etiquetas encontra-se na área de Rock/Pop/Rap. Elton John é uma das suas propriedades. A Philips é a terceira maior editora de música com 375.000 títulos de direitos de autor.

Através das suas filiais na Europa e no Reino Unido, a Philips produziu 540 milhões de CDs e cassetes VHS em 1998. A sua divisão Motion Pictures é proprietária de Jodi Foster, enquanto a Philips Television é proprietária de Robert Redford's Sundance Films e Propaganda Films.

As informações acima referidas devem dar-lhe, o leitor, uma ideia do imenso poder que esta gigantesca indústria exerce sobre a nossa vida quotidiana; como ela molda as mentes dos jovens americanos. Sem o controlo avançado e as técnicas colocadas à disposição destas empresas pela Tavistock, os passos gigantescos que a indústria tem feito não teriam sido possíveis. As informações que vos forneci devem abalar as vossas fundações quando perceberem que o Tavistock controla as 'notícias' que vemos, os 'filmes caseiros' e os canais de televisão que podemos ver, a música que ouvimos.

Por detrás deste gigantesco empreendimento está o Instituto Tavistock para as Relações Humanas. Como tenho demonstrado claramente, a América marcha a par da gigantesca indústria cinematográfica e musical; forças até agora desconhecidas - forças poderosas cujo único objectivo e objecto é perverter, torcer e distorcer as mentes da nossa juventude, a fim de facilitar a introdução da Nova Ordem Mundial Socialista pelo Comité dos 300 - O estabelecimento de um governo mundial único, no qual os novos comunistas governam o mundo.

A informação que vos apresentei deve ser uma fonte de grande preocupação ao contemplar o futuro dos vossos filhos e da juventude da América, tendo aprendido e compreendido que eles estão a ser alimentados com ideias anarquistas, fervor revolucionário, e incitação ao consumo de drogas, sexo livre, aborto, lesbianismo, e aceitação da homossexualidade.

Sem esta gigantesca indústria musical e de entretenimento, Michael Jackson teria sido uma entidade infantil e insípida, mas ele estava "entusiasmado" e Tavistock disse aos jovens do nosso país o quão grande ele é e o quanto eles, os jovens do mundo ocidental, o amam! Tem também a ver com o poder de controlar os meios de comunicação social.

Na medida em que a indústria da música e do entretenimento é aquilo a que chamo um "segredo aberto" de design Tavistock, não espero que o meu trabalho sobre este assunto vital seja aceite como verdade, pelo menos até 2015, que é o ano em que prevejo o surto do "Armagedão", a guerra nuclear total do CAB, quando a ira de Deus descerá sobre os Estados Unidos da América. Mas no que diz respeito ao controlo maciço dos meios de comunicação, não é difícil, mesmo para o observador desinformado, ver, ouvir e ler que, de facto, os EUA têm meios de comunicação controlados, produzidos pelo Tavistock Institute. Foi este factor que fez com que o Presidente Bush fosse eleito, e depois, para espanto de toda a Europa e de pelo menos metade do eleitorado americano, conseguiu que fosse eleito para um segundo mandato, apesar do seu historial sombrio.

Como é que isto aconteceu? A questão é fácil de responder: Devido ao colapso dos meios de comunicação nacionais dos EUA. Os radiodifusores principais abandonaram a sua obrigação de promover o interesse público; já não se sentiam obrigados a denunciar os dois lados das questões.

Os media nacionais intensificaram a sua política de "misturar notícias e ficção" que começou com "Guerra dos Mundos".

Embora isto tenha atraído espectadores e aumentado as receitas, não alterou a doutrina de longa data da equidade na radiodifusão, tão essencial para o fluxo de informação numa sociedade livre. Nos últimos anos, este grave problema tem sido exacerbado pela ascensão da "brigada do trovão" de direita, que não tolera quaisquer contra-opiniões. Apenas transmitem a opinião da administração Bush e não hesitam em distorcer e 'girar' as notícias à maneira de Tavistock.

Isto foi confirmado por um inquérito conjunto realizado em 2004 pelo Centro de Estudos Políticos, o Centro de Atitudes Políticas, o Programa sobre Atitudes Políticas Internacionais e o Centro de Estudos Internacionais e de Segurança. O que encontraram é realmente a chave para que Bush ainda esteja na Casa Branca, e um tributo ao poder da propaganda profissional:

> ➤ 75% dos fiéis de Bush não estavam convencidos pela conclusão da Comissão Presidencial de que o Iraque não tinha nada a ver com a Al Qaeda.

> ➤ A maioria dos apoiantes de Bush acreditava que uma grande parte do mundo islâmico apoiava os EUA na sua invasão do Iraque. Isto está em total contradição com os factos. O Egipto, um Estado muçulmano, não apoia os EUA e a maioria dos egípcios quer os EUA fora do Iraque. A Turquia, que, embora um Estado secular, é esmagadoramente muçulmano, opõe-se à presença dos EUA no Iraque por um voto de 87% e rejeita as razões invocadas para a invasão.

> ➤ Setenta por cento dos fiéis de Bush acreditam que o

Iraque tinha ADM.

O que escrevi aqui é a verdade indiscutível, mas será necessário um grande acontecimento para a confirmar como tal, tal como demorou 14 anos para que o meu Comité de 300 livros e 25 anos para que o meu relatório do Clube de Roma fosse confirmado pelo próprio Alexander King. Mas não há dúvida de que Tavistock, hoje, em 2005, controla todos os aspectos da vida na América. Nem uma única coisa lhe escapa.

Em 2005, estamos a testemunhar a espantosa influência e poder do Instituto Tavistock e dos seus mestres superiores, o Comité dos 300, na forma como os Estados Unidos é dirigido pelo Presidente George Bush e ao aceitar o que Bush diz e faz sem dúvida ou dúvida.

As razões para estas crenças erradas não são difíceis de encontrar. Em 1994, a Administração Bush disse repetidamente ao público americano que o Iraque tinha armas nucleares prontas a ser utilizadas. A administração Bush relata que o Presidente Hussein apoiou unidades da Al-Qaeda no Iraque e que a Al-Qaeda foi responsável pelo ataque ao World Trade Center (WTC) foram também passados como verdades, sem qualquer base de facto. No entanto, a Roaring Right Radio Network (RRRN) repetiu alegremente estes erros, incluindo Hannity and Combs e Fox News. Hannity disse obrigatoriamente à sua audiência que as armas tinham sido transferidas para a Síria. Nunca ofereceu um fragmento de prova para sustentar a sua reivindicação. Além disso, a Fox News e outros programas de rádio emitem massas de propaganda. Os principais representantes da propaganda radiofónica a favor da administração Bush são :

➢ Rush Limbaugh
➢ Matt Drudge
➢ Sean Hannity
➢ Bill O'Reilly
➢ Tucker Carlson

- ➢ Oliver North
- ➢ John Stossell
- ➢ Gordon Liddy
- ➢ Peggy Noona
- ➢ Larry King
- ➢ Michael Reagan
- ➢ Gordon Liddy
- ➢ Dick Morris
- ➢ William Bennett
- ➢ Michael Savage
- ➢ Joe Scarborough

Larry King é um dos bonecos mais bem treinados de Tavistock. Quando, na rara ocasião em que tem um adversário da guerra de Bush no seu programa, dá-lhes cerca de dois minutos para defenderem o seu caso, imediatamente seguidos por cinco "peritos" pró-Bush para refutar o ousado dissidente.

Quase todas as personalidades da rádio mencionadas acima receberam alguma forma de formação de peritos Tavistock. Quando estudamos a sua metodologia, vemos uma clara semelhança com os métodos de apresentação aperfeiçoados no Tavistock. O mesmo é válido para as personalidades da televisão, os 'apresentadores de notícias' e as suas 'notícias', que não são diferentes em conteúdo ou estilo. Todos, sem excepção, ostentam a marca do Instituto Tavistock.

Os Estados Unidos estão no domínio do maior e mais duradouro programa de controlo da mente em massa (lavagem ao cérebro) e "condicionamento" e isto reflecte-se a todos os níveis da nossa sociedade. Os mestres da manipulação, engano, conivência, dissimulação, meias-verdades e o seu irmão gémeo, pura mentira, têm o povo americano pela garganta.

Churchill, antes de ser "transformado", disse à Câmara dos

Comuns que os bolcheviques "agarraram a Rússia pelos cabelos da sua cabeça". Atrevemo-nos a dizer que "Tavistock apreendeu a cabeça e a mente do povo americano".

A menos que haja um grande renascimento do espírito de 1776 e o renascimento que teve lugar entre a geração que se seguiu aos Pais Fundadores, os Estados Unidos estão condenados ao colapso, tal como as civilizações grega e rosneana entraram em colapso.

O que é necessário é a formação do nosso próprio "exército invisível" de "tropas de choque" que irão a todas as aldeias, todas as cidades, todos os cantos dos Estados Unidos, para liderar a contra-ofensiva que irá conduzir as tropas de Tavistock à retirada e à derrota final.

APÊNDICE

A GRANDE DEPRESSÃO

Montagu Norman, então Governador do Banco de Inglaterra, e grande amigo da família da socialista Fabian Beatrice Potter Webb, fez uma visita surpresa aos Estados Unidos como prelúdio para o início da Grande Depressão. Como se pode ver, este foi um "evento planeado" como o afundamento da Lusitânia que trouxe os Estados Unidos para a Primeira Guerra Mundial.

Os acontecimentos que conduziram à Grande Depressão da década de 1930.

1928

23 de Fevereiro - Montagu Norman visitou o Sr. Moreau, Presidente do Banque de France.

14 de Junho - Herbert Hoover é nomeado como candidato presidencial do Partido Republicano.

18 de Agosto - Montagu Norman é reeleito Presidente do Banco de Inglaterra.

6 Nov - Herbert Hoover é eleito Presidente dos Estados Unidos da América.

17 de Novembro - Montagu Norman é reeleito Governador do Banco de Inglaterra.

1929

1er Janeiro - O *New York Times* afirma que se espera um grande voo de ouro dos EUA em 1929.

14 de Janeiro - Eugene R. Black foi reeleito como Governador do Banco da Reserva Federal de Atlanta, Geórgia.

26 de Janeiro - Relatórios da imprensa indicam que a próxima visita de Montagu Norman não tem qualquer ligação com o movimento de ouro de Nova Iorque para Londres.

30 de Janeiro - Montagu Norman chega a Nova Iorque; afirma estar apenas a pagar uma visita de cortesia a G.L. Harrison.

31 de Janeiro - Montagu Norman passou um dia com funcionários do Federal Reserve Bank.

4 de Fevereiro - Montagu Norman declara que a sua visita não deve resultar em qualquer mudança imediata na posição de libras esterlinas ou ouro. O Congressista Loring M. Black, Jr. introduz uma resolução perguntando ao Conselho da Reserva Federal se este falava com Montagu Norman na altura em que ele emitiu o seu aviso de crédito ou sobre o assunto.

10 de Fevereiro - O Representante Negro apresenta uma resolução pedindo ao Presidente Coolidge e ao Secretário Mellon que esclareçam a visita do Norman, que não é um funcionário do Banco de Inglaterra.

12 de Fevereiro - Andrews afirma que a alegação de que o Banco da Reserva Federal perdeu o controlo da situação monetária é uma ilusão e afirma que o Banco pode regular o mercado à vontade, actuando com base em redescontos. A sua declaração "desencadeou repetidas acusações de que o Sistema da Reserva Federal perdeu o controlo da economia. "

19 de Fevereiro - As resoluções dos negros são rejeitadas pelo Comité Bancário e Monetário.

26 de Fevereiro - O *New York Times* informa que muitos bancos pediram ao Conselho Consultivo Federal para cooperar na limitação dos empréstimos para especulação na bolsa de valores.

4 de Março - Herbert Hoover toma posse como Presidente.

12 de Março - O Secretário do Tesouro Mellon declara que não irá interferir com a política do Conselho.

21 de Março - O Banco da Reserva Federal de Chicago toma medidas para reduzir o empréstimo de acções através da redução de empréstimos especulativos em 25-50%.

1er Abril - No seu relatório económico de Abril, o National City Bank solicita que a taxa de desconto seja aumentada para 6% para conter a especulação excessiva da bolsa de valores. Um banco propriedade de Rockefeller!

A 5 de Maio, a Reserva Federal de Kansas City aumenta a taxa de redesconto para 5%.

14 de Maio - O Banco da Reserva Federal de Minneapolis aumenta as taxas de redesconto para 5%.

19 de Maio - O aumento da taxa de redesconto para 5% é declarado uniforme; o pedido de uma taxa de 6% por Nova Iorque e Chicago é recusado.

23 de Maio - O Conselho Consultivo recomenda uma taxa de redesconto de 6%.

9 de Agosto - O Federal Reserve Bank of New York aumentou a sua taxa para 6%; a mudança foi descrita como "inteligente".

3 de Setembro - O National City Bank (um banco Rockefeller-Standard Oil) no seu boletim mensal afirma que o efeito do aumento da taxa de redesconto é incerto.

29 de Outubro - O crash do mercado bolsista põe fim à prosperidade pós-guerra; 16.000.000 acções, incluindo vendas a descoberto sem restrições, mudam de mãos.

No final do ano, o declínio do valor do stock atingiu $15.000.000.000; no final de 1931, as perdas de stock atingiram $50.000.000.000.000.

Nov - O Federal Reserve Bank of New York baixa a taxa de redesconto para 5%.

11 de Novembro - Montagu Norman é eleito Governador do Banco de Inglaterra para um décimo primeiro mandato.

15 de Novembro - A taxa de redesconto é reduzida para 4,5%.

Ao longo da primeira parte de 1929, houve constantes relatórios de envios de ouro para os EUA de e para Londres, criando a impressão de que o relatório de 1er de Janeiro era exacto. Contudo, com a queda da bolsa de valores, o voo de ouro dos EUA começou a sério.

Kurt Lewin

O trabalho de Kurt Lewin (1890-1947) teve um profundo impacto na psicologia social e aprendizagem experimental, dinâmica de grupo e investigação de acção. Lewin nasceu a 9 de Setembro de 1890 na aldeia de Mogilno, na Prússia (agora parte da Polónia). Era um dos quatro filhos de uma família judia de classe média (o seu pai era dono de uma pequena loja geral e de uma quinta).

Mudaram-se para Berlim quando ele tinha quinze anos e foi inscrito no Ginásio. Em 1909, Kurt Lewin entrou na Universidade de Freiberg para estudar medicina. Mudou-se então para a Universidade de Munique para estudar biologia. Nesta altura, envolveu-se no movimento socialista. As suas preocupações particulares parecem ser a luta contra o anti-semitismo e a democratização das instituições alemãs.

Obteve o seu doutoramento na Universidade de Berlim, onde se interessou pela filosofia da ciência e descobriu a psicologia Gestalt. O seu doutoramento foi-lhe concedido em 1916, mas estava então a servir no exército alemão (foi ferido em acção). Em 1921 Kurt Lewin juntou-se ao Instituto de Psicologia da Universidade de Berlim, onde deu seminários de filosofia e psicologia. Começou a fazer nome em publicações e ensino. O seu trabalho tornou-se conhecido na América e foi convidado a passar seis meses como professor visitante em Stanford (1930). Como a situação política na Alemanha se agravou consideravelmente em 1933, partiu para os Estados Unidos com a sua esposa e filha.

Mais tarde, envolveu-se no Instituto Tavistock em várias iniciativas de investigação aplicada relacionadas com o esforço de guerra (Segunda Guerra Mundial), particularmente em influenciar a moral das tropas de combate e da guerra psicológica. Foi sempre um socialista empenhado. Fundou o Centro de Dinâmica de Grupos no MIT. Esteve também envolvido num programa - a Comissão de Interrelações Comunitárias em Nova Iorque. Os "grupos T" pelos quais Lewin se tornou famoso saíram deste programa, que visava resolver preconceitos religiosos e raciais.

Lewin obteve financiamento do Gabinete de Inteligência Naval e trabalhou de perto para formar os seus agentes. Os Laboratórios Nacionais de Formação foi outro dos seus programas de lavagem ao cérebro em massa que desempenhou um papel importante no mundo empresarial.

Niall Ferguson

Niall Ferguson é um professor de história que leccionou em Cambridge e ocupa agora um lugar em Oxford. Estas são as credenciais de um "historiador do tribunal" cujo principal objectivo é proteger os mitos patrióticos e políticos do seu governo.

O Professor Fergusson, contudo, escreveu um ataque iconoclasta a um dos mais venerados mitos patrióticos dos britânicos, nomeadamente que a Primeira Guerra Mundial foi uma grande e necessária guerra, na qual os britânicos realizaram o nobre acto de intervir para proteger a neutralidade belga, a liberdade francesa e os impérios francês e britânico da agressão militar por parte dos odiados Hunos. Políticos como Lloyd George e Churchill argumentaram que a guerra não era apenas necessária, mas inevitável. Foram habilmente ajudados nisto pela fábrica de propaganda da Wellington House, 'a casa das mentiras', como lhe chama a Toynbee.

Ferguson pergunta e responde a dez perguntas específicas sobre a Primeira Guerra Mundial, sendo uma das mais importantes se a guerra, com o seu total de dez milhões de baixas, valeu a pena.

Não só responde de forma negativa, como conclui que a Guerra

Mundial não foi nem necessária nem inevitável, mas foi antes o resultado de decisões extremamente erradas dos líderes políticos britânicos, baseadas numa percepção inadequada da "ameaça" que a Alemanha representava para o Império Britânico. Ferguson chama-lhe "nada menos do que o maior erro da história moderna".

Ele vai mais longe e coloca a maior parte da culpa nos britânicos, pois foi o governo britânico que acabou por decidir transformar a guerra continental numa guerra mundial.

Argumenta que os britânicos não tinham qualquer obrigação legal de proteger a Bélgica ou a França e que a construção naval alemã não os ameaçava realmente.

Os líderes políticos britânicos, argumenta Ferguson, deveriam ter-se apercebido de que os alemães estavam mais preocupados em estar rodeados pelo crescente poder industrial e militar da Rússia, bem como pelo grande exército francês. Argumenta ainda que o Kaiser teria honrado a sua promessa a Londres na véspera da guerra de garantir a integridade territorial da França e da Bélgica em troca da neutralidade da Grã-Bretanha.

Ferguson conclui que "a decisão da Grã-Bretanha de intervir foi o resultado de um planeamento secreto pelos seus generais e diplomatas, que remonta a 1905" e baseou-se numa interpretação errada das intenções alemãs, "que foram imaginadas como sendo de proporções napoleónicas". Os cálculos políticos também desempenharam um papel na deflagração da guerra. Ferguson nota que o Ministro dos Negócios Estrangeiros Edward Grey deu o impulso que colocou a Grã-Bretanha em pé de guerra. Embora a maioria dos outros ministros estivesse hesitante. "Eventualmente concordaram em apoiar a Grey, em parte por medo de serem expulsos do poder e de deixarem as Torys entrar na Casa".

Tal foi o poder das mentiras e propaganda emanadas da Casa de Wellington, precursora do Instituto Tavistock de Relações Humanas.

A Primeira Guerra Mundial continua a incomodar os britânicos até hoje, tal como a Guerra Civil continua a assombrar os americanos. As baixas britânicas na guerra ascenderam a 723.000, mais do dobro do número de baixas na Segunda Guerra Mundial. O autor escreve:

> "A Primeira Guerra Mundial continua a ser a pior coisa que o povo do meu país alguma vez teve de suportar".

Um dos maiores custos da guerra, que foi prolongada pela participação britânica e americana, foi a destruição do governo russo.

Ferguson argumenta que na ausência da intervenção britânica, o resultado mais provável teria sido uma rápida vitória alemã com algumas concessões territoriais no Leste, mas sem revolução bolchevique.

Não haveria Lenine - e também não haveria Hitler.

> "Foi finalmente por causa da guerra que ambos os homens conseguiram erguer-se para estabelecer despotismos bárbaros que perpetraram ainda mais massacres".

Segundo Ferguson, se os britânicos tivessem ficado à margem, o seu império continuaria a ser forte e viável. Ele acredita que os britânicos poderiam facilmente ter coexistido com a Alemanha, com a qual tinham boas relações antes da guerra. Mas a vitória britânica veio a um preço "muito superior aos seus ganhos" e "dizimou a primeira era dourada da "globalização" económica". Mas a propaganda implacável anti-alemã transformou essas boas relações em inimizade e ódio.

A Primeira Guerra Mundial também levou a uma grande perda de liberdade pessoal. "A Grã-Bretanha em tempo de guerra... tornou-se por fases uma espécie de estado policial", escreve Ferguson. Claro que a liberdade é sempre uma baixa de guerra e o autor compara a situação britânica com as medidas draconianas impostas na América pelo Presidente Wilson.

A supressão da liberdade de expressão na América "ridicularizou a reivindicação das potências Aliadas de lutar pela liberdade". O que o Professor Fergusson sabia era que Wilson tinha imposto as piores restrições à liberdade de expressão. Tentou mesmo mandar prender o Senador La Follette por se opor à guerra.

Embora Ferguson tenha falado principalmente ao público britânico, é relevante para os americanos que seguiram tragicamente os britânicos, atordoados pela propaganda e completamente manipulados, em duas guerras mundiais, à custa de uma enorme perda de liberdade como resultado da centralização do poder no governo Leviathan em Washington.

Muitas lições valiosas podem ser aprendidas com o aviso oportuno de que o Instituto Tavistock, o sucessor de Wellington House, mostrou como é fácil condicionar e controlar as mentes de grandes segmentos da população.

A Grande Guerra: O Poder da Propaganda

Os frutos da guerra que as pessoas comuns na Grã-Bretanha, França, Alemanha, Bélgica e Rússia não queriam: mortos no auge da vida:

A Grã-Bretanha e o Império 2 998 671

França 1 357 800

Alemanha 2 037 700

Bélgica 58,402

Isto refere-se principalmente a mortes na "Frente Ocidental" e na "Frente Oriental" e não inclui perdas noutras frentes por parte de outras nações. O custo ascendeu a $180.000.000.000 em contabilidade directa e $151.612.500.000 em contabilidade indirecta.

As duas batalhas da Primeira Guerra Mundial mencionadas neste livro :

Passchendaele. A batalha começou a 31 de Julho de 1917 e durou três meses. As perdas ascenderam a 400.000 homens.

Verdun. Começou em 21 de Fevereiro de 1916 e terminou em

7 de Junho. 700.000 homens mortos.

Esforços de propaganda subsequentes

O Instituto Tavistock aperfeiçoou de tal forma as suas técnicas que, segundo opinião recente de peritos, 70% de todo o capital e recursos humanos que os programas de publicidade/propaganda do governo dos EUA gastam em objectivos estratégicos vão para operações psicológicas, cuja propaganda é composta por estas operações psicológicas, tornou-se a parte mais significativa do que significa ser americano e britânico.

O nível de propaganda é agora tão elevado, tão abrangente, que os cientistas sociais confiam nela como a totalidade da vida americana, e como resultado desta propaganda sustentada, a vida em ambos os países tornou-se uma simulação. Tavistock prevê, tal como filósofos e sociólogos de Beaudrilliard a McLuhan, que esta simulação será em breve substituída pela realidade.

A percepção pública da propaganda associa-a à publicidade e ao tipo de propaganda partidária transmitida nos talk shows de rádio, ou a um pregador de rádio zeloso. Na verdade, todas estas são formas de propaganda, mas na sua maioria são reconhecidas como tal.

O anunciante está a tentar incutir o seu produto ou serviço particular na mente da audiência. Os comentários políticos fazem exactamente a mesma coisa, e do mesmo modo, as emissões religiosas têm tanto a ver com motivar os seguidores a adoptar uma determinada linha de acção, tal como apoiar a guerra ou um país que consideram "bíblico" e que devemos apoiar a exclusão de outros, uma vez que se trata de mudar a orientação espiritual dos ouvintes não comprometidos. Desta forma, esperam que os ouvintes sejam persuadidos a adoptar as ideias dos oradores ou a seguir o seu exemplo em apoio a este ou aquele objectivo. Qualquer "pregação" sobre o Médio Oriente na rádio americana, em particular, revela rapidamente este objectivo.

Outros tipos de comunicação, em todas as formas de meios de comunicação, são muito mais intrusivos, tais como a informação deliberadamente enviesada ou falsa, incompleta, apresentada como verdade ou facto objectivo. Na realidade, isto é pura propaganda disfarçada de notícia, na qual os graduados Tavistock se destacam.

A propaganda forçada, introduzida pela primeira vez por Bernays na Wellington House para persuadir à força a população pouco disposta, é feita por repetição científica. A Primeira Guerra Mundial foi um grande dia para a Wellington House, com milhares de reputações como "o Carniceiro de Berlim", etc.

Durante a última Guerra do Golfo, o povo americano não estava inclinado a preocupar-se com uma invasão de Saddam Hussein, mas Powell, Rice, Cheney e uma sucessão de "autoridades" levaram o povo americano a acreditar que Saddam Hussein poderia em breve evocar uma "nuvem de cogumelos" sobre os Estados Unidos, mesmo que as suas afirmações não fossem verdadeiras.

A declaração de que "Saddam era uma ameaça para os seus vizinhos" foi repetida vezes sem conta por funcionários governamentais e líderes militares, a que em breve se juntará um grande número de pessoas.

Organizações privadas, comentadores políticos, intelectuais, artistas e, claro, os meios de comunicação social fizeram as manchetes, mesmo que se baseassem em camadas de mentiras.

As mensagens de propaganda são diferentes, mas a mensagem básica é sempre a mesma. O volume de avisos e a diversidade de fontes envolvidas têm servido para confirmar na mente das pessoas que a ameaça é real. Os slogans ajudam os ouvintes e leitores deste material de propaganda a visualizar o "perigo", que é orquestrado não tanto para proteger o país, mas para gerar uma participação activa através do aumento do nível de histeria.

Esta é uma prática comum utilizada pela Grã-Bretanha e pelos Estados Unidos em todas as guerras em que estiveram envolvidos desde 1900 até aos dias de hoje. O clima de medo resultante teve o efeito desejado: uma rápida expansão da investigação militar e do armazenamento de armas e "ataques preventivos" na Sérvia e no Iraque.

A propaganda desmoronou-se durante a Guerra do Vietname, quando os americanos viram a brutalidade dos combates nas suas salas de estar e a noção de uma guerra "defensiva" desmoronar-se. Os provedores das guerras na Sérvia e no Iraque tiveram o cuidado de não deixar que o erro se repetisse.

O efeito da propaganda foi tão grande que a maioria dos americanos ainda acredita que o Vietname era uma guerra "anticomunista". Desde a Guerra Fria em geral - a crise dos mísseis cubanos - até à Sérvia, a propaganda permitiu que as hostilidades florescessem e se multiplicassem.

A propaganda da era anticomunista foi feita à medida pela Tavistock e concebida para facilitar o desenvolvimento de uma expansão militar global dos EUA que tinha estado em curso desde a criação do Instituto de Relações de Paz na década de 1930 e que McCarthy tinha tropeçado.

Existem outros tipos de propaganda insidiosa; outros tipos de propaganda são dirigidos ao comportamento social ou à lealdade do grupo. Vemos isto na emergência do declínio da moral que varreu o mundo numa onda de propaganda bem dirigida do tipo fomentada por H. V. Dicks, R. Bion, Hadley Cantril e Edward Bernays, os cientistas sociais que em tempos dirigiram a operação no Tavistock. O seu produto, a propaganda, é a ilusão da verdade fabricada por estas prostitutas propagandistas de enganos e mentiras.

Bibliografia

Jornada para a Loucura, Gordon Thomas

MK. Ultra 90; CIA

American Journal of Psychiatry, Jan. 1956; Dr. Ewan Cameron.

Documentos relacionados com as actividades da "Sociedade para a Investigação da Psicologia Humana". Era uma capa para experiências de controlo mental da CIA.

Ética do Terror, Prof. Abraham Kaplan.

O Psiquiatra e Terror, Prof. John Gun.

The Techniques of Persuasion, I.R.C. Brown.

The Psychotic; Understanding Madness, Andrew Crowcroft.

(Uma vez entendida a 'loucura', pode ser recriada em qualquer assunto).

The Battle for the Mind, Invicta Press.

The Mind Possessed, Invicta Press.

As Obras Coleccionadas do Dr. José Delgado

The Experiments of Remote Mind Control (ESB): Dr. Robert Heath.

O Dr Heath conduziu experiências bem sucedidas com os EGS que demonstraram que pode criar lapsos de memória, causar impulsos repentinos (tais como disparos aleatórios), evocar o medo, o prazer e o ódio ao seu comando.

Experiências ESB, Gottlieb.

O Dr. Gottlieb declarou que as suas experiências levaram à criação de uma pessoa psico-civilizada, e depois de toda uma sociedade psico-civilizada, na qual cada pensamento, emoção, sensação e desejo humano é completamente controlado pela estimulação eléctrica do cérebro.

O Dr. Gottleib disse que podia parar um touro de carga no seu rasto; programar humanos para matar sob comando.

Documentação detalhada das experiências conduzidas pela CIA utilizando o CSE, sob o controlo do Dr. Stephen Aldrich.

Os Collected Research Papers do Dr. Alan Cameron.

Foram encontrados com a enorme colecção de documentos sobre experiências de controlo da mente, embalados em 130 caixas, conduzidas pelo Dr. Gottleib e que ele não tinha destruído como ordenado pela CIA.

The *New York Times*, Dezembro de 1974. "Uma exposição das experiências de controlo da mente da CIA. "

Para além do acima referido, há o trabalho do próprio Dr Coleman, *Metaphysics, Mind Control, ELF Radiation and Weather Modifications*, publicado em 1984, e actualizado em 2005.

No mesmo livro, o Dr. Coleman explica como funciona o controlo da mente e dá exemplos claros. Expandiu o seu trabalho anterior com *Mind Control no século 20th*, que detalha explicitamente como as técnicas de controlo da mente têm avançado.

Uma Teoria Dinâmica da Personalidade. Dr. Kurt Lewin

Perspectiva temporal e moral

A Neurose de Guerra. W.R. Bion (Macmillan London 1943)

Experiências em grupos" (*Lancet*, 27 de Novembro de 1943)

Grupos Sem Líderes (Londres 1940)

Experiências em Grupos (Boletim Mensageiro)

Catastrophic Change, (The British Psychoanalytical Soc.)

Elementos de Psicanálise, Londres 1963

Borderline Personality Disorders, Londres

Força e Ideias, Walter Lippmann

Opinião Pública, Walter Lippmann

Cristalização da Opinião Pública, Edward Bernays

Propaganda, Edward Bernays

The *Daily Mirror*, Alfred Harmsworth 1903/1904

The *Sunday Mirror*, Alfred Harmsworth 1905/1915

Qualidade Humana, Aurelio Peccei 1967

O Chasm Ahead, Aurelio Peccei

Guilherme II, Imperador da Alemanha. Correspondência de Guilherme II

Memórias de Lenine, N. Krupskaya (Londres 1942)

A Crise Mundial, Winston Churchill

How We Advertised America, George Creel, New York 1920

Wilson, A Nova Liberdade, Arthur S. Link 1956

A Conspiração Aquariana, Marilyn Fergusson

Alguns Princípios de Persuasão de Massa, Dorwin Cartwright

Journal of Humanistic Psychology, John Rawlings Reese

Compreender o Comportamento do Homem, Gordon Alport

Invasão de Marte, Hadley Cantrill

Guerra dos Mundos, H. G. Wells

Terror por Rádio, The *New York Times*

Psicologia da Ciência, Aldous Huxley

Uma História de Reis, O Duque de Windsor

Os Meus Quatro Anos na Alemanha, James W. Gerard

Sob o calcanhar de ferro, G. W. Stevens

A Era Technotronic, Zbigniew Brzezinski

Institute for Development and Management Publications, Ronald Lippert,

Quando a investigação de acção se torna uma metodologia de guerra fria

A Ciência da Coerção, Renses Likert

Sistemas e estilo de gestão.

Tensões Mentais. H.V. Dicks

O Estado da Psiquiatria na Psiquiatria Britânica, H.V. Dicks

A Selva, Upton Sinclair

Apelo à Razão Os Agentes de Mudança de Dinheiro

Técnicas de Propaganda na Guerra Mundial, Harold Lasswell

Crepúsculo Imperial, Berita Harding

Inocência e Experiência, Gregory Bateson

Pelo amor de Deus, Bateson e Margaret Meade

Eles expulsaram Deus do Jardim, R.D. Laing

Passos para uma ecologia da mente. Os factos da vida.

A Nosso Caminho, Franklin D. Roosevelt

Como as democracias perecem, Jean François Revel

Disraeli, Stanley Weintraub

Força Bruta: Tácticas de Estratégia Aliada Segunda Guerra Mundial. John Ellis

Os Campos de Concentração na África do Sul, Napier Davitt

The Times History of the War in South Africa, Sampson Low 7 Vols.

O Homem da Organização, Jorgen Schleiman 1965

Estaline e o comunismo alemão, Jorgen Schleiman 1948

Willi Munzenberg Uma Biografia Política, Babetta Gross 1974

Técnica de Propaganda na Guerra Mundial, Harold Lowell

A Propaganda Menace, Frederick E. Lumley 1933

História do Partido Comunista Russo, Leonard Schapiro 1960

Neue Zurcher Zeitung, 21 de Dezembro de 1957

A Ascensão Bolchevique ao Poder e a Revolução de Novembro, A.P. Kerensky 1935

Dez dias que abalaram o mundo, John Reed 1919

Já publicado

OMNIA VERITAS LTD APRESENTA:

A DITADURA da ORDEM MUNDIAL SOCIALISTA

Todos estes anos, enquanto a nossa atenção estava centrada nos males do comunismo em Moscovo, os socialistas em Washington estavam ocupados a roubar da América...

POR JOHN COLEMAN

"O inimigo em Washington é mais a temer do que o inimigo em Moscovo"

OMNIA VERITAS LTD APRESENTA:

A GUERRA das DROGAS contra a AMÉRICA

O tráfico de droga não pode ser erradicado porque os seus gestores não permitirão que lhes seja retirado o mercado mais lucrativo do mundo...

POR JOHN COLEMAN

Os verdadeiros promotores deste maldito comércio são as "elites" deste mundo

OMNIA VERITAS LTD APRESENTA:

AS GUERRAS DO PETRÓLEO

POR JOHN COLEMAN

O relato histórico da indústria petrolífera leva-nos através das voltas e reviravoltas da "diplomacia".

A luta para monopolizar os recursos cobiçados por todas as nações

OMNIA VERITAS LTD APRESENTA:

DIPLOMACIA POR ENGANO
UM RELATO DA CONDUTA DE TRAIÇÃO DOS
GOVERNOS DA GRÃ-BRETANHA
E DOS ESTADOS UNIDOS

POR
JOHN COLEMAN

A história da criação das Nações Unidas é um caso clássico da diplomacia do engano

OMNIA VERITAS LTD APRESENTA:

**A HIERARQUIA DOS CONSPIRADORES
HISTÓRIA DO COMITÉ DE 300**

por John Coleman

Esta conspiração aberta contra Deus e o homem inclui a escravidão da maioria dos humanos....

OMNIA VERITAS LTD APRESENTA:

A DINASTIA ROTHSCHILD

por John Coleman

Os acontecimentos históricos são frequentemente causados por uma "mão escondida"

www.ingramcontent.com/pod-product-compliance
Lightning Source LLC
Chambersburg PA
CBHW070803270326
41927CB00010B/2273